知的生きかた文庫

# 世界一役に立つ　図解　経済の本

神樹兵輔



三笠書房

◆はじめに……

# 経済がわかれば「世の中と儲けのしくみ」がわかる！

私たちの日常生活は「お金」で回っています。モノやサービスを得る対価として「お金」が必要になり、「お金」は働いたり、投資することで得られます。ゆえに「お金」は「経済の血液」にもたとえられます。人体を流れる血液と同じで、「お金」がうまく社会に流れないと支障が生じるからです。

こうしたお金の流れと私たちの生活との関係を、さまざまな構図でとらえたのが「経済学」となり、合理的なお金の流れを説明してくれるのです。

ただし、人間は合理的に行動しているようで、そうでないことも多々あります。人間にはさまざまな感情があり、思考にも偏りが生じるので、ときとして合理的な判断ができないこともあるからです。そこで、こうした事象も解明しようと生まれたのが「行動経済学」です。「心理学」と「経済学」を融合させたのです。

本書では、「経済学の基本」から「行動経済学」に到るまで、さまざまな事象を取り上げ、楽しく面白く紹介していきます。「なるほど、そうだったのか」という新しい発見が随所にあるはずです。

神樹兵輔

# 世界一役に立つ 図解 経済の本

もくじ

Contents

## 第2章 「消費者のココロ」がよくわかる！「行動経済学」とは？

Contents

## 第3章 「今の世界」がよくわかる！ 最新「経済キーワード」

Contents

Contents

## 第5章 「カリスマ経済学者」がよくわかる！「経済理論」のツボ

本文DTP／松下隆治
編集協力／オフィス・スリー・ハーツ

第1章

# 「日本の未来」がよくわかる！まず「経済問題」を知っておこう

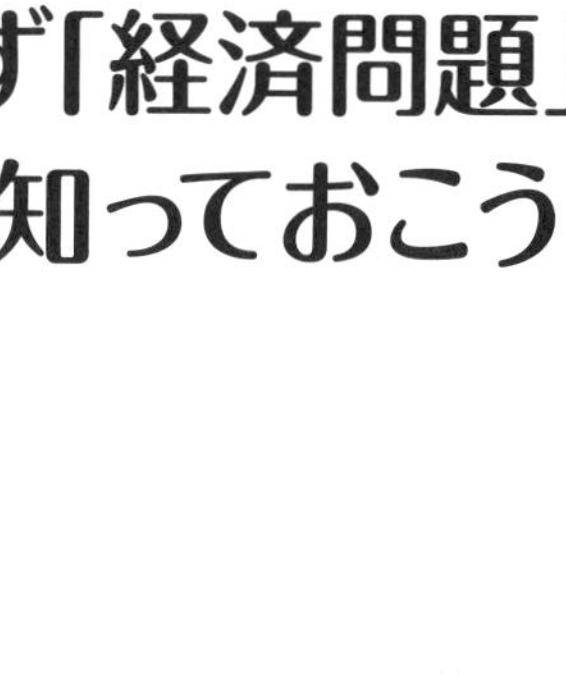

# 1 「親ガチャ」貧しさが遺伝する国・日本

## 「格差社会」「貧困連鎖」とは？

「親ガチャ」の言葉が象徴するように、格差社会の広がりが深刻です。**親が貧乏なら満足な教育機会にも恵まれず、子どもも貧乏になる貧困の連鎖が続きます。**

実際、東大生の親の6割以上が年収950万円以上です。日本の平均世帯年収が564万円（中央値440万円）程度であることを考えれば、東大生の親の所得水準は相当な高さです。

かつて1970年代の日本は「一億総中流社会」といわれ、終身雇用の安定社会でした。91年4月に訪日した旧ソ連（同年12月に崩壊）の指導者ゴルバチョフ大統領をして、「日本は世界で一番成功した社会主義国」といわしめるほどでした。

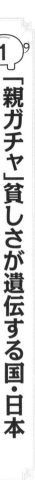

では、いつ頃から格差や貧困が広がり始めたのでしょうか。

それは、90年にバブルが崩壊し、97年の金融危機（山一證券などが破綻）から

## 図解「格差社会」「貧困連鎖」とは？

親が貧困　満足な教育機会に恵まれない

**貧困の連鎖が続き、格差につながる！**

| 東大生の親の年収 | 平均世帯の年収 |
|---|---|
| 950万円以上 | 564万円 |
| （東大生の6割以上） | （中央値は440万円） |

東大生の親の年収が平均的な家庭よりいかに高いかが、このデータからわかります！

恒常的デフレに陥るとともに、グローバル化が拍車をかけた過程にあったといわれます。

転機となったのは、86年に「労働者派遣法」が制定されたことです。

当初は表向き専門性の高い業務のみの派遣のはずが、法改正によって、さまざまな業務にまで広がったのです。

派遣先にすれば、「交通費ナシ」「賞与ナシ」「退職金ナシ」「福利厚生ナシ」で人件費の圧縮に寄与し、不況時の雇用調整も正社員よりしやすいことから、年々増えていったのです。

労働者にとって、短時間勤務など、本

人の事情に応じた柔軟な働き方ができる点は利点ですが、望まないのに非正規を強いられる人もいます。

## 日本全体が貧乏になるシステム

派遣業界はスタートから「禁止業種への派遣」「無許可・無届派遣」「偽装請負」「二重派遣」など、多くの問題点を抱えていました。

今では非正規雇用（パート、アルバイトなど）が全雇用者の4割近くを占め、うち派遣労働者は約6％（140万人）に及びます。そして、大きな課題として給与の低さが挙げられます。非正規社員の給与は正社員の6割強にすぎないからです。

日本の労働環境は、改善しなければならない問題が、多く残っているのが現状です。

**富裕層と貧困層の差は広がるばかり!**

賃金を減らすばかりでは、消費も伸びず、GDPも縮小します。結局、企業の首を絞めるのです

## 図解 「親ガチャ」貧しさが遺伝する国・日本

### 貧困の連鎖

「親が貧困だと子どもも貧困になる」「子どもが貧困だと、その子どもも貧困」「その子どもの子が貧困だと、さらに子も貧困」

### 正規雇用と非正規雇用の割合

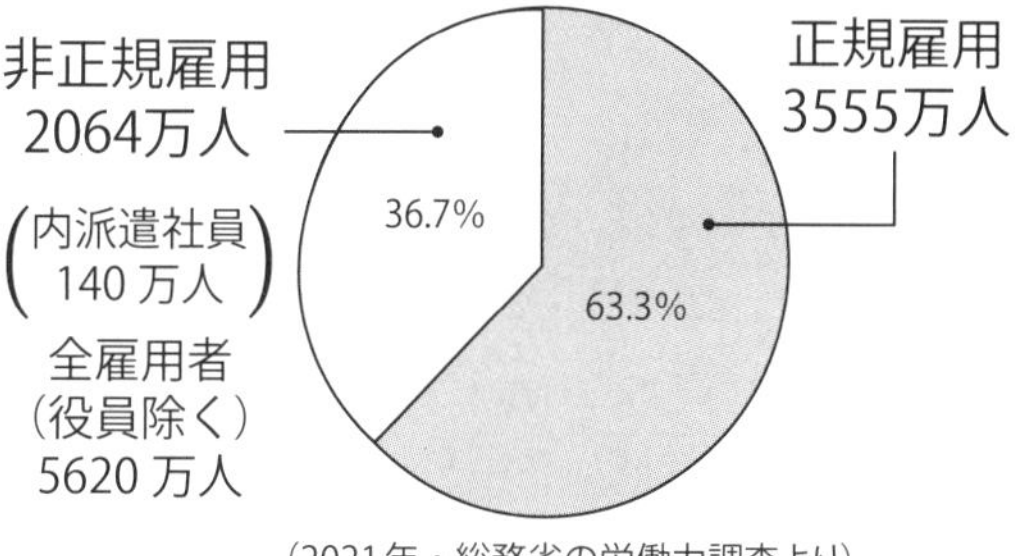


（2021年・総務省の労働力調査より）

非正規雇用者は正規雇用者より賃金が低い傾向にあるため、それは格差の拡大につながっていきます

## 2 「安い日本」この国の賃金だけが低い訳

### ◆日本人の「平均年収」の問題点

日本人の賃金は下がり続けています。左ページのOECD(経済協力開発機構)がまとめた平均年収の表を見ると一目瞭然です。**平均年収は米国やルクセンブルクなどが7万ドル台と高く、日本は約4万ドル台に留まっています。**

過去20年間で賃金が下落した国は、OECD加盟38ヶ国で、日本だけでした。

かつて1990年代初頭には、米国に次ぐ世界第2位の賃金の高さを記録した日本なのに、今はこんな厳しい状態なのです。日本で賃金が一番高かったのは1997年ですが、この年はバブル崩壊の不良債権処理が長引くなかで金融危機が発生し、金融機関の破綻が相次ぎます。そこから恒常的なデフレに陥り、デフレは物価を下げるとともに賃金にも下押し圧力を働かせました。

また、**90年のバブル崩壊以降、日本では低賃金の非正規雇用の労働者が増え**

## 図解「安い日本」とは？

| | | |
|---|---|---|
| 1位 | アメリカ | 74,738 |
| 2位 | ルクセンブルク | 73,657 |
| 3位 | アイスランド | 72,047 |
| 4位 | スイス | 68,957 |
| 5位 | デンマーク | 61,331 |
| 6位 | オランダ | 60,923 |
| 7位 | ベルギー | 59,100 |
| 8位 | ノルウェー | 58,377 |
| 9位 | オーストリア | 58,189 |
| 10位 | オーストラリア | 56,600 |

（2021年・単位USドル）

**24位 日本 39,711**

OECD加盟国の平均は51,607

**ていきます。その比率は今や労働者の4割近くにも及びます。**コロナ禍になる前までは生産労働者の減少もあり、人手不足も叫ばれましたが、経済学の教科書通りにはならず、企業は正規雇用（正社員）の採用には極めて慎重だったのです。

賃金の上がらない理由は、いろいろ挙げられますが、大企業がバブル崩壊以降、人件費に警戒心を強め、執拗に賃金アップを抑制してきたのが大きな原因です。

2021年度の企業の内部留保額が、516兆円の過去最高額に膨らんだことや、労働分配率の低下を見ても明らかなのです。

## 内部留保を貯め込む大手企業

**内部留保とは、企業の純利益から税金や配当、役員賞与などを引いた残りで、「利益剰余金」や「利益準備金」と呼ばれるものです。**

いわば「企業の儲けの蓄積」なのです。

アベノミクスの円安効果で、輸出大企業ほど円換算の儲けが増え、輸出売上げは消費税率0％（かからない）ですから、結果として仕入れの消費税分が還付されます。輸出の売上げが巨額の大企業の戻し税は、10兆円にも及びます。

賃金が伸び悩むと消費はさらに冷え込みます。インフレによる物価高が続くと、経済成長も望めません。

日本は約25年前の賃金と比較すると上昇するどころか、下落しているのが実態なのです。

### 「低賃金」働いても幸せになれない?

政権与党への大企業からの政治献金が、大企業優遇の政策につながるとの指摘もあります

## 図解 「安い日本」この国の賃金だけが低い訳

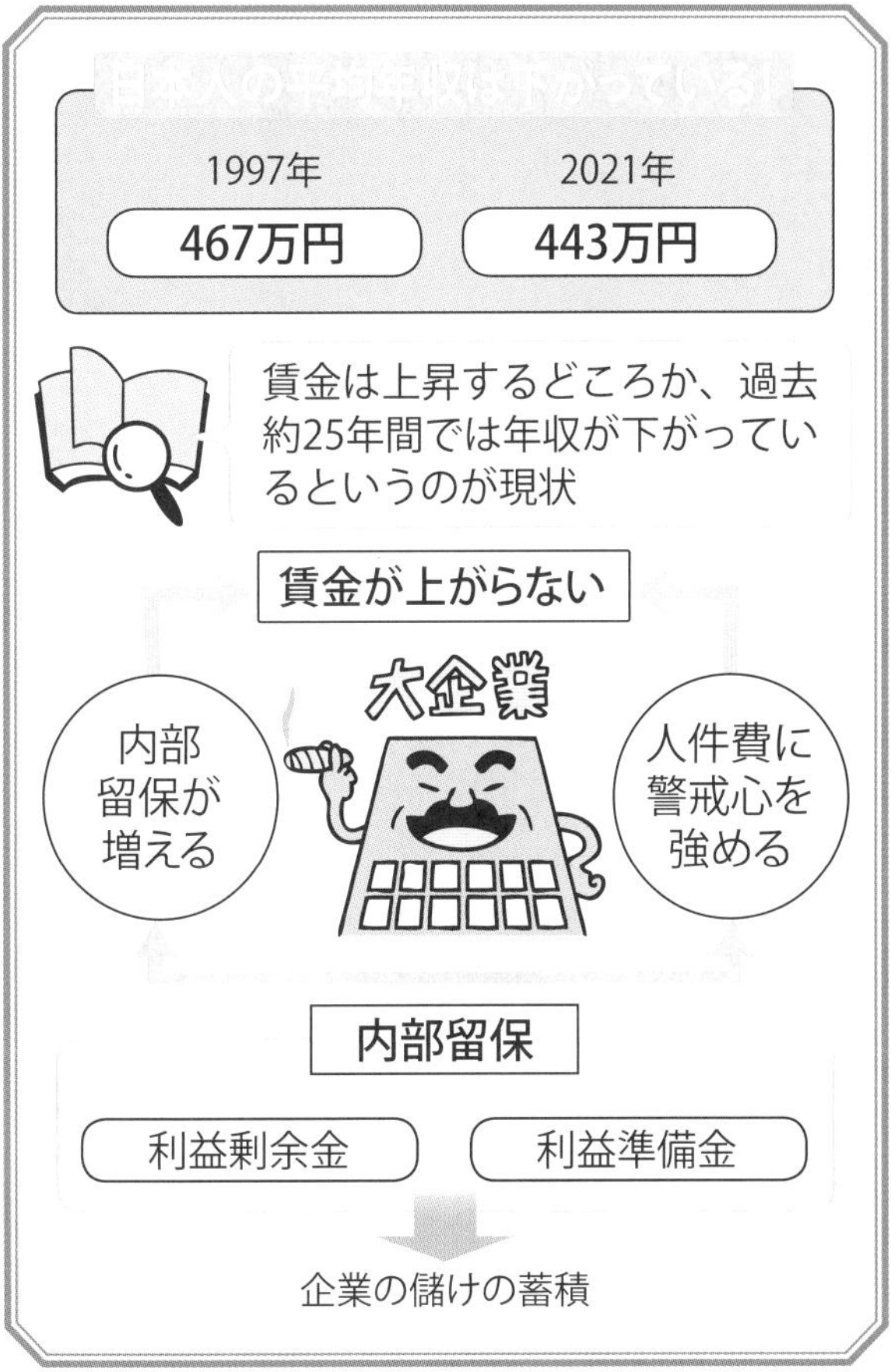

## 3 「少子化」「高齢化」でどうなる日本経済

### 「少子高齢化」の基本

**日本は猛スピードで少子高齢化が進み、それに伴い総人口も減少しています。**

人口を減らさないためには、合計特殊出生率（ひとりの女性が生涯に産む子どもの人数）が、人口置換水準の2・07を上回らなければなりません。しかし、1975年には前年の2・05を割り込んで1・91となり、以来ずっと低空飛行が続き、2022年は1・27まで落ち込んでいます。

「少子化」の原因は諸説ありますが、複合的な要素が挙げられています。たとえば、「経済的不安」「未婚率の上昇（生涯未婚率＝50歳時点の未婚率は男28・3％、女17・8％）」や「晩婚化の進展」「夫婦の出生力の低下」などです。「夫婦の出生力の低下」には、「仕事と子育てを両立させる環境の未整備」や「結婚や出産への価値観の変化」「子育ての負担感の増大」などが含まれています。

## 図解「少子高齢化」とは？

**少子化の原因**

| 未婚率の上昇 | 晩婚化の進展 | 夫婦の出生力の低下 |
|---|---|---|

人口を減らさないためには合計特殊出生率が人口置換水準の2.07を上回らなければなりませんが、2022年は1.27です！

用語解説　**合計特殊出生率**＝ひとりの女性が生涯に生む子どもの人数
**人口置換水準**＝人口が増加も減少もしない状態の合計特殊出生率

実際、保育所や学童保育施設の未整備、育児休暇取得の困難さ、勤務時間などに便宜が図られないなどの事例が、日々新聞やテレビのニュースで取り上げられるものの、あまり改善していないのが実感されるでしょう。

また、**「少子化」とともに必ず取り上げられる問題に、「高齢化」があります。**

２０２１年の日本の高齢化率は、29.79％で世界一なのです。

### 減少し続けている日本のGDP

こうした「少子高齢化」で危惧されるのは、65歳以上の高齢者を支える現役世代（生産年齢人口＝15歳から64歳）の減少です。

1960年には高齢者ひとりを11人で支えていましたが、2020年には2人で支えています。

これが、40年には1・5人になり、2060年には1・4人になります。高齢者の介護現場での人手不足も深刻になっていきます。

日本経済に与えるインパクトで大きいのは総人口の減少と生産年齢人口の減少です。

これがGDP（134ページ参照）の6割を占める「消費」を減らすためGDPも縮小します。

こうした状況を考えると、暗い未来にも見えますが、わずかな希望的観測もあります。

AIやロボットが活躍する社会の到来で、労働力不足などの問題は解決するという考え方もあるのです。

**毎年のように人口が減り続けています**

**国も少子化対策、子育て世代の支援を唱えるばかりで、ほとんど成果は出ていません**

# 図解「少子化」「高齢化」でどうなる日本経済

## 主要国の高齢化率

(2021年のデータ)

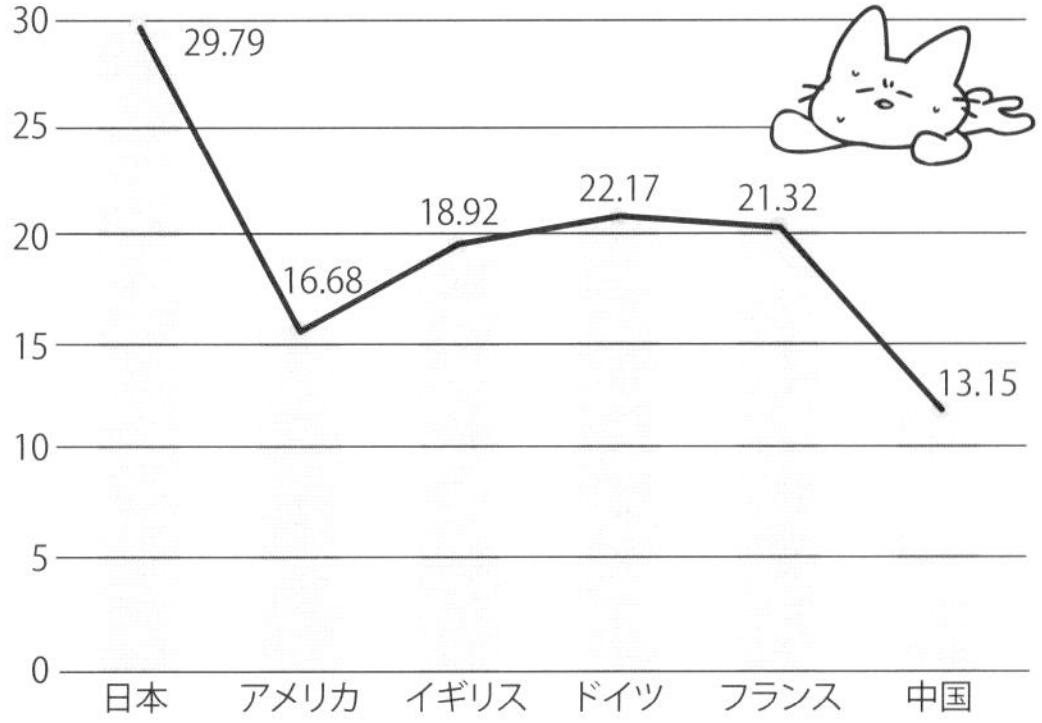


**少子化問題**　**高齢化問題**

↓

**このままでは高齢化社会がさらに進んでしまう！**

### 高齢者ひとりを若者が支えている割合の推移

| 1960年 | 2020年 | 2040年 | 2060年 |
|---|---|---|---|
| 11人 | 2人 | 1.5人 | 1.4人 |

介護現場での人手不足は深刻化しています！

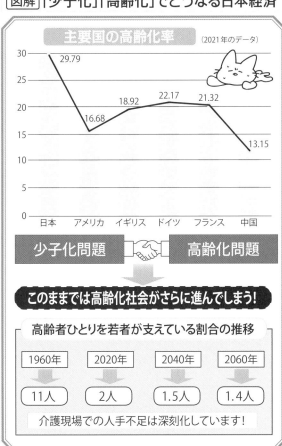

## 4 日本人の「老後資金」いくら必要？

### ◆「老後2000万円問題」の基本

2019年6月に金融庁が公表した、あるレポートが物議をかもしました。内容が「老後の夫婦の生活費は、厚生年金だけだと不足するので、2000万円が必要になる」というものだったからです。

「年金は100年安心ではなかったのか」とか「2000万円なんて、とても貯められない」などと、マスメディアや野党が騒ぎ立て、レポートは事実上撤回されました。

以前から、公的年金だけでは老後生活が成り立たないのは、よく知られた事実にもかかわらず、トンチンカンで奇異な印象を残した大騒ぎでした。

金融庁のレポートでは、2017年のデータから、**「夫65歳以上、妻60歳以上の夫婦のみの無職世帯では、家計調査のデータから毎月の平均支出額約26万円に**

## 図解「老後2000万円問題」とは？

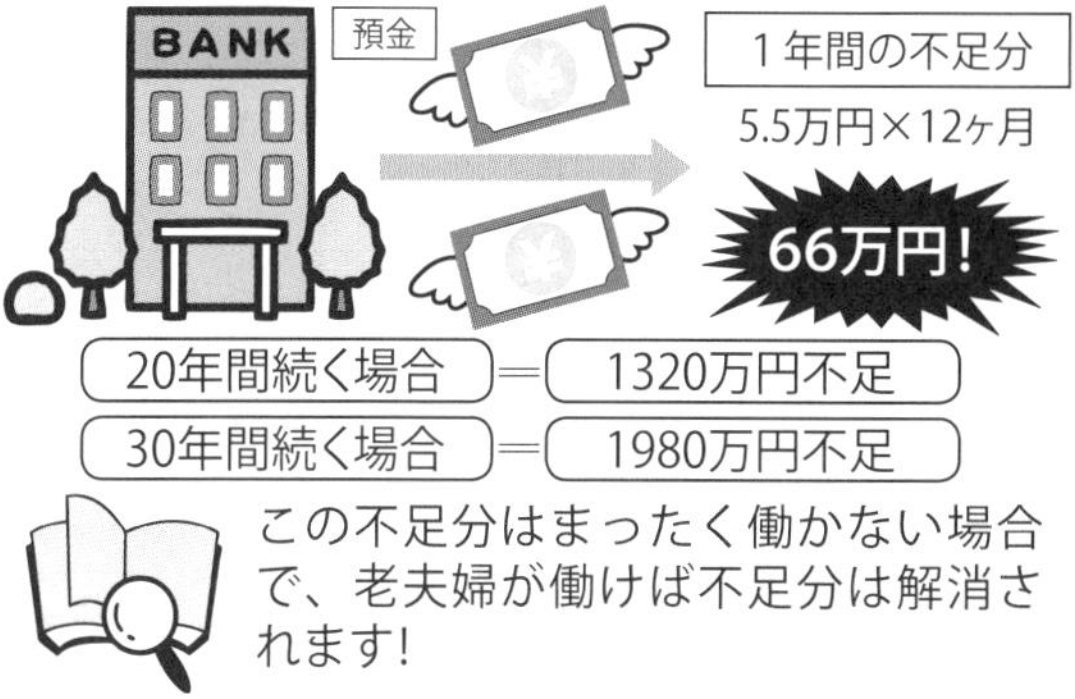
BANK
預金
1年間の不足分
5.5万円×12ヶ月
66万円！
20年間続く場合＝1320万円不足
30年間続く場合＝1980万円不足
この不足分はまったく働かない場合で、老夫婦が働けば不足分は解消されます！

**対して、収入が20万円程度なので、毎月の平均不足額が5・5万円で年間66万円になり、これが20年から30年に及べば、不足額が1320万円から1980万円にのぼる」**というモデルケースでの試算だったのです。

貯金がいきなり2000万円必要というわけでもなく、無職だった老夫婦が働いたりすれば、不足額が解消されるなど、個別の状況では、さまざまなケースが考えられる試算だったのです。

この金融庁のモデルケースは、夫が会社員で妻が専業主婦であるケースに限ったものでした。

## 若い人ほど必要となる老後資金

自営業者の場合は、生涯現役で働いて収入を得る前提のため、国民年金しかありません。40年加入してひとり当たりの満額受給でも月額6万５０７５円です（21年度＝年額78万９００円）。自営業の人は、老後の年金収入が会社員に比べて低いため、収入や蓄えがないと厳しいのです。

**21年10月時点で、65歳以上の高齢者の人数は約３６２１万人です。総人口に占める割合は、28・９％で３人に１人近くが高齢者です。**この比率は年々上がり、２０６０年には40％程度まで上がると推計されています。

65歳以上の年金を支える現役世代は、少子化でさらに少なくなるので、年金受給開始年齢を70歳以上に上げるか、年金支給額を減額していくか、選択をせまられます。

**老後の生活は厳しいものになっています**

**現役時代に賃金が低い会社員は
年金受給額も少なくなります。
賃金アップは喫緊《きっきん》の課題です**

## 図解　日本人の「老後資金」いくら必要？

| 自営業 | 平均的な会社員 |
| --- | --- |
| 65歳からの年金受給額 | 65歳からの年金受給額 |
| ひと月＝6.5万円 | ひと月＝20万円 |
| 不足額 19万円 | 不足額 5.5万円 |

### 生涯に必要な老後資金

80歳まで生活した場合

| 自営業 | 平均的な会社員 |
| --- | --- |
|  |  |
| 3420万円不足！ | 990万円不足！ |

政府が発表した2000万円問題は65歳から約30年間、老夫婦がまったく働かないケースで試算した数字なのです！

## 5 経済大国・日本がなぜ「借金大国」？

### ◆「プライマリーバランス」って何？

**2020年度の政府の当初予算は102・7兆円でしたが、コロナの影響で175兆円まで膨らみ、21年度の当初予算も106・6兆円でしたが、142・6兆円まで増えました。**コロナ禍に入る前から、使い道のチェックが十分なされぬままに補正予算で膨張を繰り返してきました。もとより毎年度の歳入（税収）は、歳出に遠く及びませんから、足りない分はつねに借金で補ってきたわけです。

国会も政府も、財政規律など、どこ吹く風といった態度を続けてきたのです。その結果、22年6月末の政府の借金は、過去最大の1255兆円となり（GDPの2・3倍）、主要先進国と比較しても、GDP比率で突出しています。

すでに敗戦時の債務額のGDP比率約200％（推定）を超えているのです。

**敗戦時はハイパーインフレで戦時国債を無価値な紙くずにし、借金をチャラ**

## 図解「借金大国・日本」とは?

コロナの影響で増えた国家予算

| 2020年度 | 2021年度 |
| --- | --- |
| 当初予算 102.7兆円 | 当初予算 106.6兆円 |
| ↓ | ↓ |
| 最終予算 175兆円! | 最終予算 142.6兆円! |

**補正予算で国家予算は膨張を繰り返している**

国債の発行を続け、2022年6月末の国の借金は過去最大の1255兆円までになってしまいました! (GDPの2.2倍)

**にしています。** また、地方自治体の借金も合わせると、1500兆円を超える債務額となり、毎年10兆円ずつ返したとしても、150年はかかってしまいます。

こうなると普通の方法では返済できる額ではありません。敗戦後すぐに日本が実施した、預金封鎖による新円への切替、すなわち金融機関での旧円と新円との交換レートで調整するなどという、大がかりな政策が必要であるとまで一部では指摘されています。

このままだと日本の通貨の信用度は低下し、猛烈な円安が襲い、ハイパーインフレになりかねません。

のん気に「MMT（現代貨幣理論・37ページ図版、182ページ参照）は正しい」などと議論している場合ではないのです。

そこで、**重要となってくる指標が、財政の健全度を測る「PB（プライマリーバランス＝基礎的財政収支）」なのです。**

## 収入と支出のバランスを見る指標

PBは左ページの図で示しているように、国の収入と支出とのバランスを見るのが主眼です。

PBが均衡していれば、借金（国債の発行）は増えません。PBが赤字になると国債を発行することになり、国の借金は増えることになります。

政府は「〇×年度まではPBの黒字化を図る」と同じ題目を何度も唱えていますが、毎回さまざまな理由がつけられ、先送りされてきたのが実情です。

### 国債の発行を続けた日本の未来は?

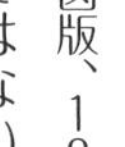

ハイパーインフレでは通貨単位を切り下げ（デノミ）ます。ジンバブエは１兆分の１に切り下げました

## 図解　経済大国・日本がなぜ「借金大国」？

詳しくは182ページ参照

変動相場制で自国通貨を発行している国家は、インフレの起きない範囲で国債を発行し、通貨を流通させれば、財政赤字を拡大しても債務不履行にならないという考え方

**PB（プライマリーバランス）＝基礎的財政収支**

〔バランスがとれている〕〔国債の発行が多い〕〔国債の発行が少ない〕

毎年のように国家予算の不足分は国債を発行して補っており、年々国の背負う借金は増え続けています！

# 6 GDP日本の3倍「中国経済」は脅威？

## ◆「世界第2の経済大国」の問題点

IMF（国際通貨基金）の発表によれば、2021年の中国のGDPは、16兆6423億ドル（世界のGDPシェア18・2％）で、日本のGDP（5兆3781億ドル・同シェア5・6％）の3倍強です。米国（22兆6752億ドル・同シェア24・2％）と比べると、米国のGDPの7割に及び、中国は30年に米国を上回ると目されています。

**約30年前（1990年）は、日本の8分の1程度のGDPにすぎなかった中国が、約20年前（2000年）には4分の1のGDPとなり、2010年には日本を追い抜き、今では米国に次ぐ世界第2位の経済大国になっています。**

しかし、世界のひとり当たりGDPでは、13万ドル強のルクセンブルクを筆頭に、約7万ドルで7位の米国、約4万ドルで27位の日本、ほぼ1万ドルで64位の

## 図解「経済大国・中国」とは？

### ひとり当たりの名目GDP

（2021年・単位USドル）

| | | |
|---|---|---|
| 1位 | ルクセンブルク | 136,701 |
| 2位 | アイルランド | 100,129 |
| 3位 | スイス | 92,249 |
| 4位 | ノルウェー | 89,042 |
| 5位 | シンガポール | 72,795 |
| 6位 | アイスランド | 69,422 |
| 7位 | アメリカ | 69,227 |
| 8位 | カタール | 68,622 |
| 9位 | デンマーク | 68,202 |
| 10位 | オーストラリア | 63,464 |
| 27位 | 日本 | 39,301 |
| ︙ | | |
| **64位** | **中国** | **12,562** |

中国といった順位で逆転しています。中国では、都市部と農村部で貧富や格差のレベルが非常に激しいからです。

中国は、かつての高度成長を遂げた日本を上回るほどの猛烈な経済成長を続けてきましたが、はたしてこのまま成長を続け、米国のＧＤＰをも超える日が来るのでしょうか。

かつて「先富論（先に豊かになる者から豊かになれ）」と「社会主義市場経済」により、経済成長の道筋をつけた中国の指導者・鄧小平《とうしょうへい》は「韜光養晦《とうこうようかい》＝爪や才能を隠して時期を待つ戦術」で、世界各国との平和共存路線の外交政策を採りました。

## 内憂外患の中国には課題が山積！

しかし、2013年に第7代国家主席に就いた習近平は、「戦狼《せんろう》外交」と呼ばれる強権・攻撃的な外交スタイルに変身し、国内にあっても威圧的な統治を強化しています。また、少数民族への弾圧や台湾や南シナ海、日本の尖閣諸島や沖縄にも侵略の手を伸ばそうとしています。

こんな中国は、内憂外患を多く抱えています。**内にあっては、不動産バブル崩壊と地方政府の債務膨張、外にあっては「一帯一路」開発計画の相次ぐ失敗と債権回収の困難さ、中国包囲網を形成する民主主義国家の連帯**などです。

現在中国は、経済問題を解決すべくさまざまな政策を打ち出していますが、はたしてうまくいくのか。世界に大きな影響を与える中国の動向からは目が離せません。

### 中国の未来が日本の未来を変える?

習近平国家主席の独裁が強まるにつれ、中国共産党内部での権力闘争も熾烈になっています

## 図解　GDP日本の3倍「中国経済」は脅威？

**鄧小平**（1904年～1997年）

韜光養晦

爪や才能を隠して時期を待つ戦術

**習近平**（1953年～現在）

戦狼外交

やられたらやり返す攻撃的な外交

中国は国内の問題に加え、外交的にも大きな問題を抱えています！

習近平の長期政権により、今後中国はどう変化していくか。世界経済にとって、その動向は注視しなければなりません！

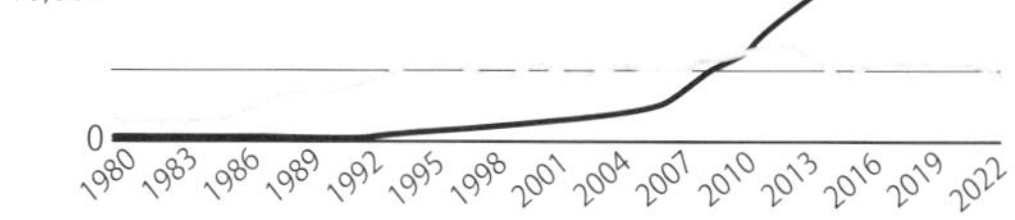


（世界経済のネタ帳より）

# 7 低所得者ほど負担が大きい「消費税」

## ◆「付加価値税」との違い

慢性的な財政赤字に悩む政府は、1989年4月に3％の消費税を導入し、さらに97年4月から5％に税率をアップし、2014年4月からは8％（うち1・7％は地方消費税）、その後2度にわたって時期を延期し、ついに19年10月から、10％に引き上げました（地方消費税は2・2％）。

消費税は所得税のように、所得が多いほど税率が上がる累進課税の構造にはなっていません。ゆえに、**所得の低い人ほど課税負担が重く、逆進性《ぎゃくしんせい》の不公平な税という一面があります。**逆進性とは、所得の低い人の負担割合が多くなる（所得の高い人の負担割合が少なくなる）ことです。

たとえば食費が年間80万円なら、その消費税分の8万円（税率10％）は所得300万円の人にとっては2・6％の負担ですが、所得1000万円の人にとっ

## 図解「消費税」とは？

### 消費税の推移

| 1989年4月 | 1997年4月 | 2014年4月 | 2019年10月 |
| --- | --- | --- | --- |
| 3% | 5% | 8% | 10% |

すべての国民に対して同じ税率の消費税は、所得の低い人ほど課税負担が重くのしかかる税制度なのです！

食費年間80万円の場合の負担（消費税率10%で計算）

**所得300万円⇒2.6%　所得1000万円⇒0.8%**

ては、たったの0・8%にすぎません。

財務省の見解では、消費一般に対して広く公平に課される税で、食料品のテイクアウトには10%でなく、8%になる軽減措置もあるので、家計への影響も軽微になる効果が高いと主張していますが、人々の生活実感とはかい離があります。

財務省は、**北欧諸国などの付加価値税が25%のところも多い**ので、日本はまだ上げられる余地があると踏んでいるようです。しかし、北欧では医療費や大学の授業料が免除されるなど、社会保障体制が手厚いために、国民の納得度も高い税制になっています。日本ではそうした実感はまったくありません。

## 公平性に欠ける日本の消費税

消費税を導入した日本の実態はどうかといえば、実は所得税の累進課税率を下げたり、法人税率を下げたことへの穴埋めで、消費税を上げてきたにすぎないのです。

消費税率3％を導入した翌年の90年こそ、国の税収が60兆円を超えますが、以降は所得税の累進課税率を下げたり、法人税率を下げたことで、税収が60兆円にも届かなくなるのです。

消費税率を10％にしたことで、2020年には税収が60兆円に戻ってきますが、**公平という観点からは、大きな問題が続いているといえるでしょう。結果として、消費は伸び悩み、デフレ脱却も遠のいたのです。**

### 消費税は適切に活用されてるのか?

コロナ禍で付加価値税を減税した国は世界で19か国にも及びます。日本では実現していません

## 図解 低所得者ほど負担が大きい「消費税」

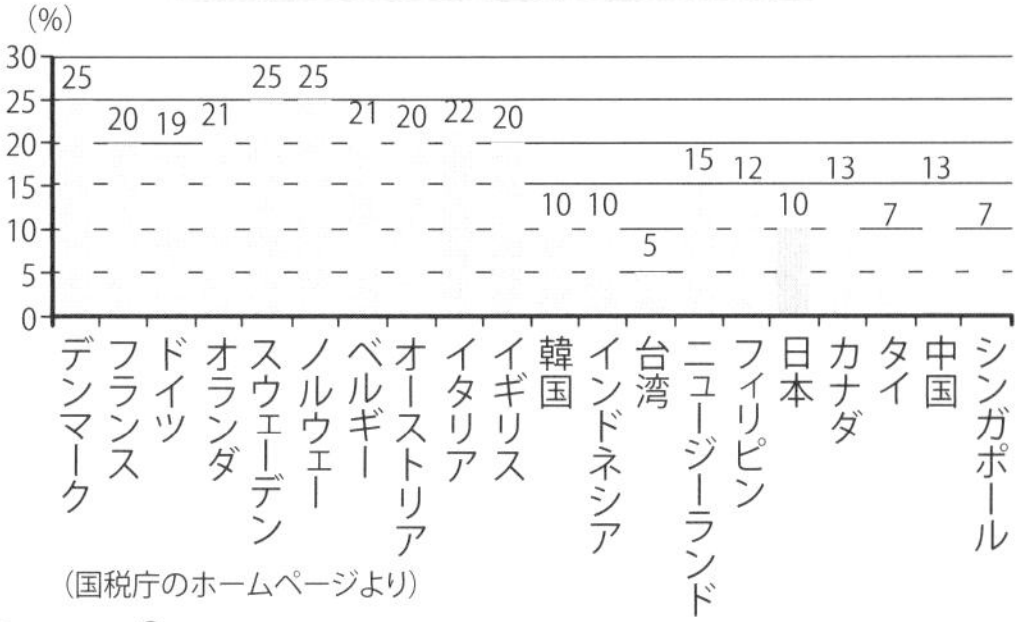


（国税庁のホームページより）

日本の消費税（付加価値税）は低いかも知れませんが、社会保障体制の内容では大きな差があります！

### 一般会計税収の推移

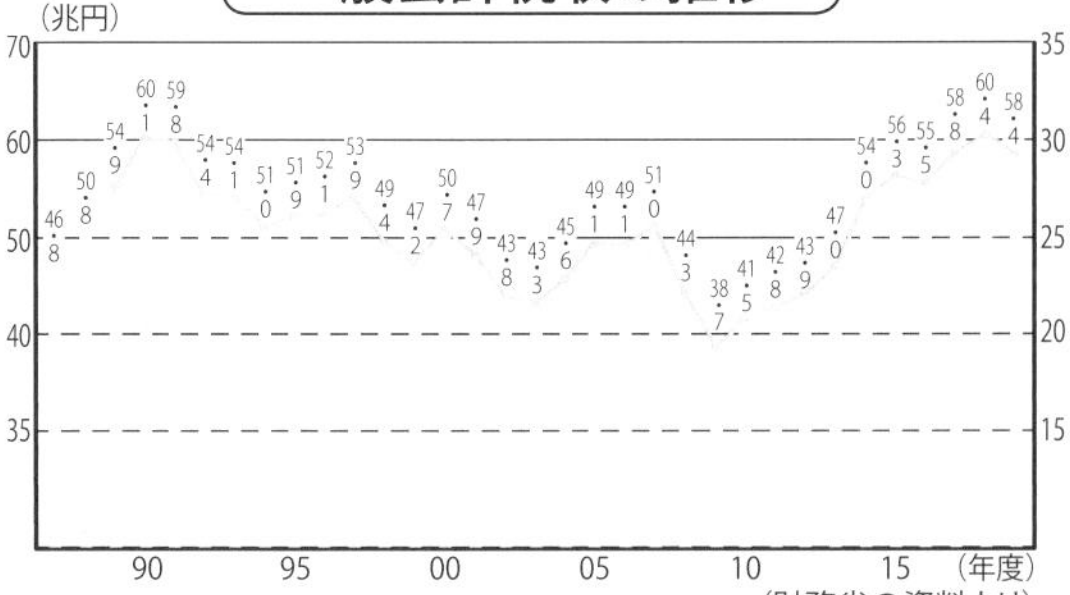


（財務省の資料より）

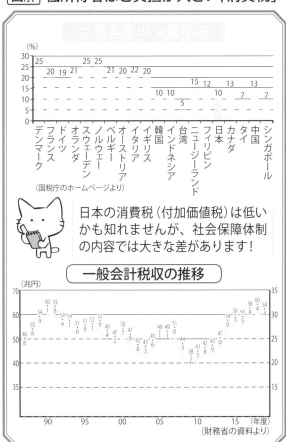

# 8 DXの時代に「新紙幣」を発行する理由

## 「紙幣デザイン」の意味

キャッシュレス決済とは、現金ではなく、クレジットカードや電子マネー、QRコードなどで決済をすることです。

日本は現金信仰が根強いこと、ATM網のインフラが普及していること、またプリペイドカードや公共料金の口座引き落としなど多くの便利なキャッシュレスサービスが普及しているぶん、かえってキャッシュレス化が遅れているといわれます。

中国では屋台での決済や寄付もスマホ一台で行われています。皮肉な話ですが、**日本のような先進国より、偽札が多くて、現金への信頼度が低い国のほうがキャッシュレス化が一気に進んだのです。**

日本のキャッシュレス決済比率は2020年に30%近いものの、政府は25年の

## 図解「キャッシュレス決済比率」

### キャッシュレス決済比率

| 日本 | 韓国 | 中国 | イギリス |
|---|---|---|---|
| 29.8% | 93.6% | 83.0% | 63.9% |

※『キャッシュレス・ロードマップ2022』（一般社団法人キャッシュレス推進協議会）より。韓国、中国は参考値。

決済比率を伸ばそうとしている矢先、2024年に新紙幣が発行。政府にはどんな思惑があるのでしょうか？

大阪万博までに40%台を目指す考えです。

キャッシュレス化が進んだ国では、現金を一切持たずスマホだけで決済が完結します。日本もコロナ後を見据えて、インバウンド需要を取り込む目的でキャッシュレス社会を目指しています。しかし、不思議なことに2024年には、20年ぶりに新紙幣が発行されます。

**1万円札の肖像画は福沢諭吉から渋沢栄一に、5千円札は樋口一葉から津田梅子に、千円札は野口英世から北里柴三郎に変わります。**「キャッシュレス時代になぜ、新規にお札を出すの？」という素朴な疑問が聞こえてきます。

## タンス預金が「銀行に持ち込まれる」効果

新紙幣のデザイン変更の大きな理由のひとつは、偽造（偽札）の防止です。2020年には、およそ2600枚もの偽1万円札が発見されたといいます。

新紙幣では、角度を変えて見ると回転した立体画像が浮かび上がるホログラムなど、最新技術が取り入れられています。また、指の感触で紙幣の違いがわかるマークを入れる、額面数字（10000、5000、1000）を大きくして見やすくするなど、さまざまな工夫がこらされているのです。新紙幣が発行されても、旧紙幣が使えなくなるわけではありません。しかし**旧紙幣の受取を拒否するお店もあるでしょう。**タンス預金で眠っていた旧紙幣が銀行に持ち込まれることで、国が資産を把握する一面もあります。

**日本のキャッシュレス決済比率は低い！**

多くの人たちにキャッシュレスの利便性を理解してもらえるかが、決済比率を上げるポイントです！

## 図解 DXの時代に「新紙幣」を発行する理由

**日本銀行券**

| 戦前 | 戦後 | |
| --- | --- | --- |
| 菅原道真《すがわらのみちざね》 | 二宮尊徳《にのみやそんとく》 | 福沢諭吉《ふくざわゆきち》 |
| 和気清麻呂《わけのきよまろ》 | 岩倉具視《いわくらともみ》 | 新渡戸稲造《にとべいなぞう》 |
| 武内宿禰《たけのうちのすくね》 | 高橋是清《たかはしこれきよ》 | 夏目漱石《なつめそうせき》 |
| 藤原鎌足《ふじわらのかまたり》 | 板垣退助《いたがきたいすけ》 | 樋口一葉《ひぐちいちよう》 |
| 聖徳太子《しょうとくたいし》 | 聖徳太子《しょうとくたいし》 | 野口英世《のぐちひでよ》 |
| 日本武尊《やまとたけるのみこと》 | 伊藤博文《いとうひろふみ》 | |

**そのほかに政府紙幣** ＝〔 神功皇后《じんぐうこうごう》　板垣退助《いたがきたいすけ》 〕

新紙幣の発行の目的のひとつに
偽造防止が挙げられています！

1万円札

渋沢栄一

5000円札

津田梅子

1000円札

北里柴三郎

# 頭を磨くコラム①
## ふるさと納税——一番トクするのは誰？

2008年から始まった「ふるさと納税」は21年度の受入額は約8302億円（寄付件数約4447万件）で過去最高になっています。実質2000円の負担で寄付先自治体から寄付額の3割相当の返礼品がもらえるのが、寄付金が増えている理由です。

この制度は、税金を通じ、故郷を応援することを目的としてスタートした税制度でした。しかし、返礼品目当てでこの制度を活用する人たちが増え、さらには自治体も多くの寄付金を集めようと躍起になり、返礼品の競争の激化に発展してしまっているのが現状です。このような本来の目的から逸脱した現状は、問題視されています。

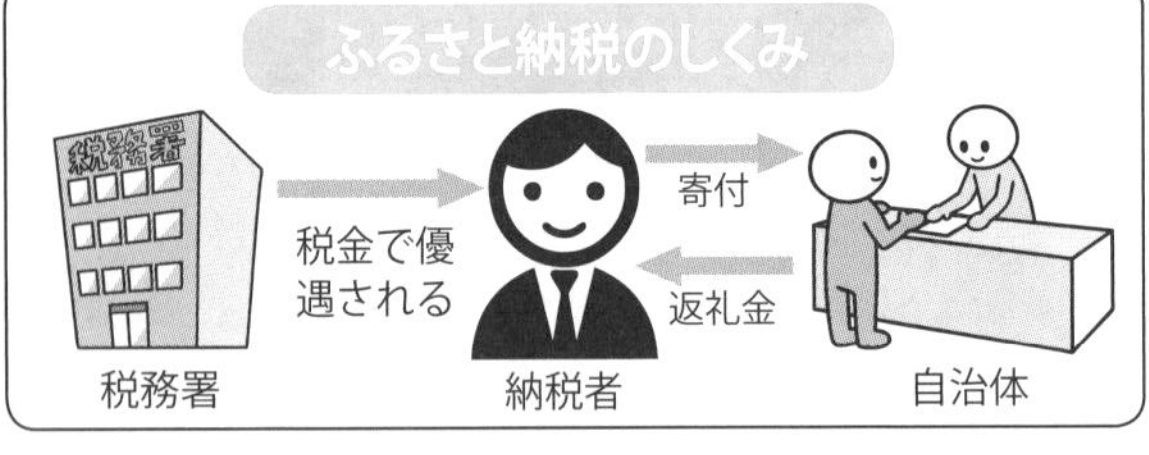

# 第2章

# 「消費者のココロ」がよくわかる!「行動経済学」とは?

# 1 経済学+心理学=「行動経済学」の利点

## ◆「人の消費行動」を読む法

**行動経済学とは、いつも必ず合理的に判断するわけではない人間の心理、心の働きを重視して、経済活動を明らかにしようとするものです。**つまり行動経済学は、経済学と心理学が融合した経済学の新しい分野なのです。

行動経済学は2002年にノーベル経済学賞を受賞したダニエル・カーネマンが「経済と人間の感情」に着目して提唱した経済理論が発表されてから、注目を集めるようになりました。

それまでの経済学は「人はつねに合理的な行動をする」という前提がありましたが、カーネマンの考え方は人間の経済活動は必ずしも合理的な判断によるものではなく、感情に左右される部分があると主張しているのが特徴です。

**人間は目先の利益に対しては敏感に反応し、損失を避けるための行動をする**

## 図解「行動経済学」とは？

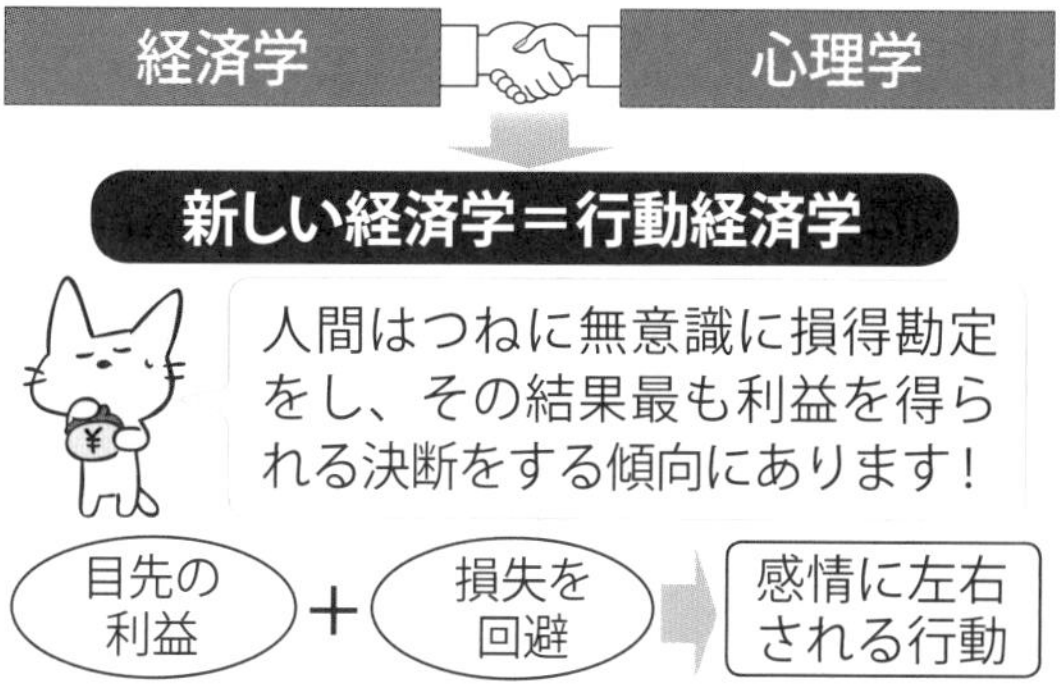
経済学
心理学
新しい経済学＝行動経済学
人間はつねに無意識に損得勘定をし、その結果最も利益を得られる決断をする傾向にあります！
¥
目先の利益
＋
損失を回避
感情に左右される行動

**傾向が強いものです。**

つまり「損失」が確定することを恐れます。たとえば無条件で1万円がもらえるか、じゃんけんをして勝ったら2万円をもらえるといわれたらどうでしょう。

多くの人たちは無条件で1万円をもらうほうを選択します。それはじゃんけんをした場合、もし負けたらせっかく無条件で1万円がもらえる権利がなくなるからです。つまり、1万円という「損失」を回避しようと感じるのです。

2万円のお金を借りていた相手から、無条件で借金を1万円にするか、じゃんけんで勝ったら借金は0円になるといわれた場合ではどうでしょうか。すると、じゃんけんにチャレンジする人が多くなります。

これはすでに借金2万円という「損失」があるので、その「損失」を回避するための心理が働いて選択した行動なのです。

## 「損失を回避する」という消費行動

**スーパーのちらしなどで「本日だけ半額!」「先着100名様限定!」などというコピーを見かけたことがあるかもしれません。このコピーも行動経済学と大きな関係があります。**「今日買わなければ損をする」「早く買わなければ損をする」という感情を消費者に抱かせ、そして消費行動につなげさせているのです。これも「損失」を回避しようとする、人間心理に基づいた消費行動なのです。

**人間の心理は環境によって変化します**

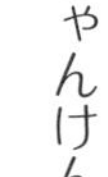

**消費行動の多くは、知らず知らずに操られている深層心理と大きな関係があります!**

# 図解　経済学＋心理学＝「行動経済学」の利点

2個だと割引あり

非合理的な行動

1個だと割引なし

合理的な行動

2個買うと得をするという感情が働き、2個購入する消費行動をとってしまう傾向があります

人間は従来の経済学で説明できない行動をする

**合理的でない行動の要因を調べる**

**行動経済学**

行動経済学の理論は私たちの日常生活やマーケティングなどさまざまな場面で応用されています！

# 2 「損失回避」人がリスクを選択する理由

## ◆「プロスペクト理論」の基本

ダニエル・カーネマンが提唱した**「プロスペクト理論」とは、別名「損失回避の法則」とも呼ばれるものです。**人は、目先の利益は得ようとするが、損失があると、その回避のためにはリスクを取ろうとするのです。

たとえば、株式投資の場合で、「塩漬け株」にしてしまう人が多いこともその例のひとつです。

株式を購入し少しでも値上がりしたら、利益を確定したくて売る人は多いものです。しかし、反対に購入時よりも値下がりした場合はどうでしょうか。

「値下がりしたが、このまま様子を見ていれば、きっと値上がりするはずだ」などと、損失を確定するのが嫌で、様子見に入る人が非常に多いのです。

5％下がったら「損切りする」と自分なりのルールを決めていても、ここで売っ

## 図解「プロスペクト理論」とは？

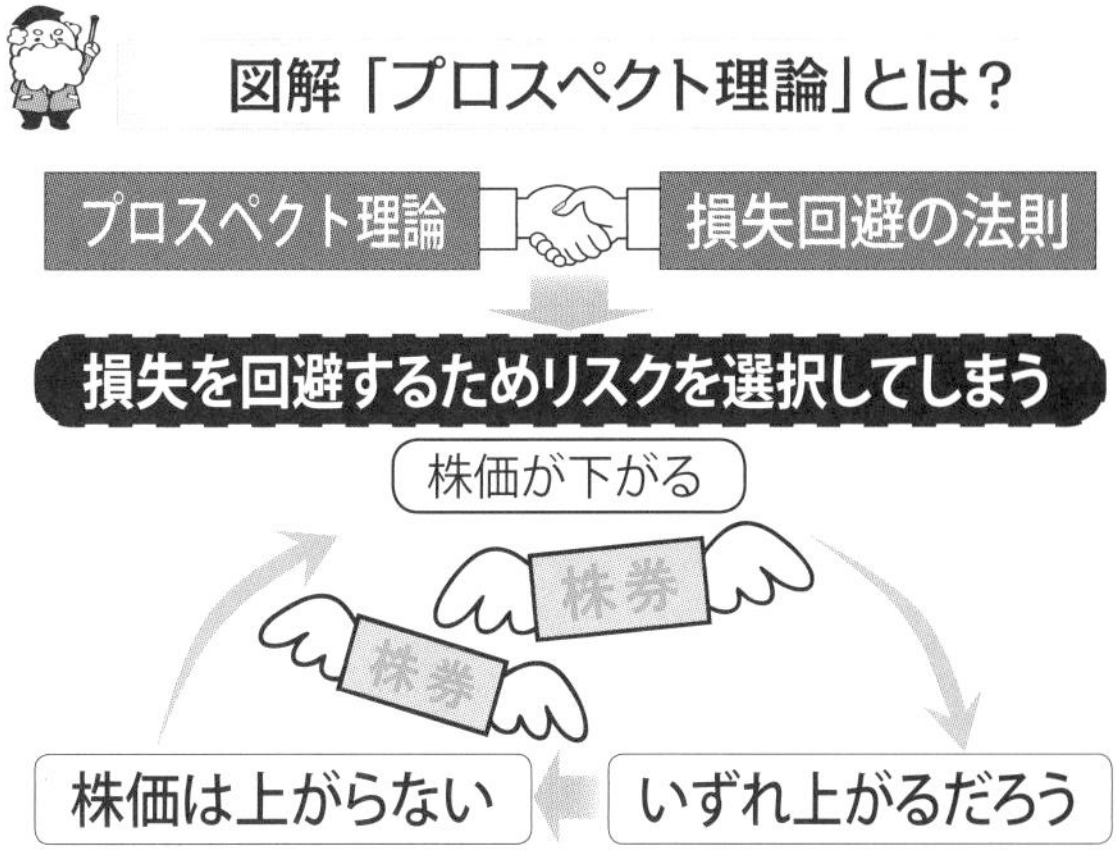
プロスペクト理論
損失回避の法則
損失を回避するためリスクを選択してしまう
株価が下がる
株券
株券
いずれ上がるだろう
株価は上がらない

て別の株を買おうとはなりにくいのです。損失が確定するのが嫌だからに他なりません。そのまま様子見を決め込んで、さらにズルズル値下がりしていく株を持ち続け、結局安値になった株を保有したままの「塩漬け株」にしてしまうわけです。

これが「プロスペクト理論」が教える損失回避の法則です。

ほかにも、実例はいろいろあります。**ギャンブルの例では、大きく負けが込むと、イチかバチかのリスクを取って、負けを取り戻そうと大勝負に出て、余計に大損失を抱えてしまう例があるでしょう。**

あるいは、「今日だけ半額セール」の店

頭ポップにつられて、余計な買い物をしてしまったという経験もあるでしょう。目先の利益を得ようと衝動買いしてしまうケースです。

## 「デメリットを強調する」と人は動く

赤字事業から、なかなか撤退できないというビジネスの例も少なくありません。これは、赤字事業を止めてしまうと、過去の投資分（人・モノ・金・時間など）が、すべて無駄になると思い、なかなかやめられないからです。ゆえに、赤字事業にさらに投資を続け、ますます損を膨らませてしまうのです。サンクコスト（埋没費用）の呪縛です。

こうした例を見ると、**人はメリットを強調されるより、デメリットを強調されるほうが、心を動かされることがわかります。**

**損失を恐れると事態は悪化する?**

**プロスペクトには、「予想・期待・見通し・見込み」といった意味があります**

## 図解 「損失回避」人がリスクを選択する理由

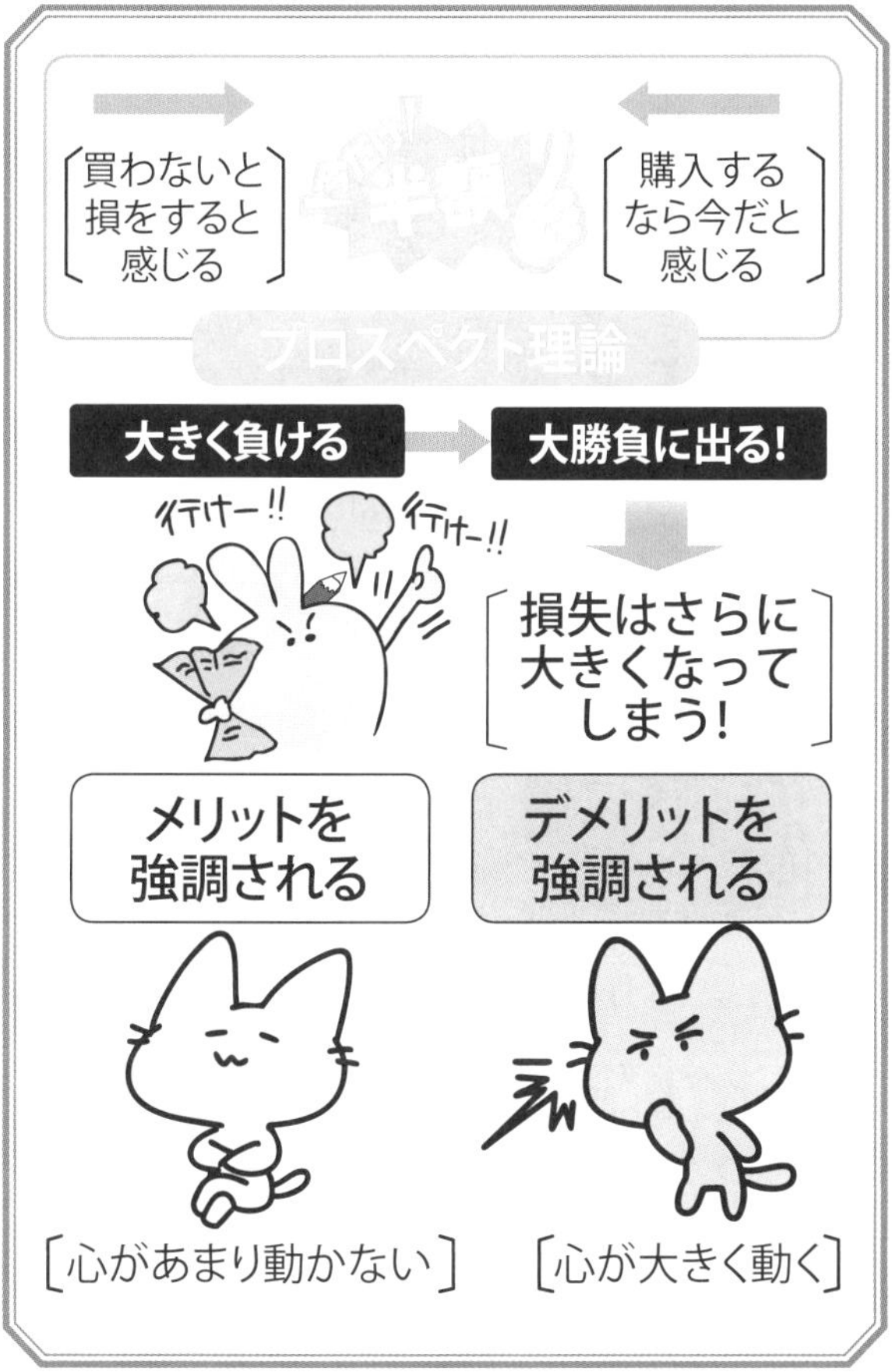

# 3 人の購買を左右する「ナッジ」とは？

## 「ナッジ理論」の基本

「プロスペクト理論」で有名なダニエル・カーネマンとも協力して行動経済学を研究し、同じ分野で2017年にノーベル経済学賞を受賞したリチャード・セイラーは「ナッジ理論」を唱えて注目を集めました。

ナッジとは「そっと肘でつつく」といった意味です。つまり、強制するのではなく、さりげなく巧みに人々を好ましい方向に誘導する手法なのです。

**人の意思決定を、規則や罰則で導くよりも、「ナッジ理論」で簡単に誘導できることを証明して見せました。**「ナッジ理論」は、人に意識されないうちに行動を変えさせるところに特徴があります。

すし屋さんの握りのメニューで、松が2000円、竹が1500円、梅が1000円であれば、真ん中の1500円の竹が一番売れるのはよく知られてい

## 図解「人の消費行動」とは？

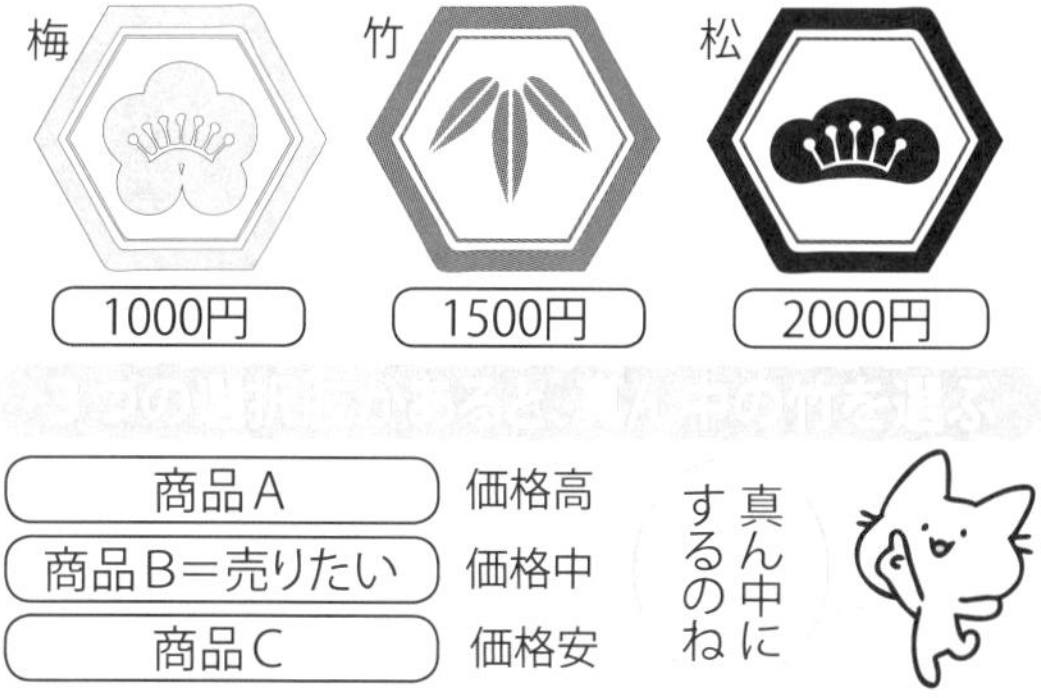


ます。

これは「ナッジ理論」の中でも、人の「極端を回避したい」という心理に着目した結果です。人は中庸《ちゅうよう》が安心なのです。

松は少し贅沢な気がして、期待外れだったら嫌なので敬遠され、梅はチープすぎて気が引け、真ん中の竹を選ぶ人が多くなります。**一番売りたい商品があるときは、その上下に比較できる価格帯の商品を並べると、真ん中の価格に誘導できるわけです。**売りたい商品があるときに、両隣にわざと劣った商品を並べる「おとり商法」も同様の効果です。

「ナッジ理論」の応用例として、オランダ・

アムステルダムの空港の男子トイレの小便器の内側にハエの絵を描いた例があります。ハエをめがけて用を足すようになり、清掃費が8割も削減できたのです。

## 人が「NOといえない場合」とは？

イギリスでは運転免許証の申請時に「臓器提供者になりますか？」という質問で回答してもらったところ、ほとんどの人からは「NO」という回答が戻ってきました。

これでは臓器提供者は増えません。そこで質問方法を変え「NOと答えた場合のみ臓器提供者にならない」という文言に変更しました。すると、ほとんどの人が「NO」という回答をせず、結果、臓器提供者が激増したという結果が残っています。これも「ナッジ理論」を応用したことで成功した例のひとつといえるでしょう。

**強制的ではなく心理的に誘導させる**

「悪質なナッジ」の例では、送信停止ボタンを見つかりにくくして諦めさせる事例もあります

## 図解 人の購買を左右する「ナッジ」とは？

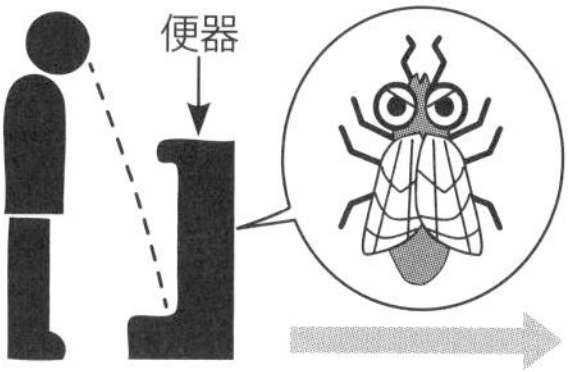


ハエの絵に命中させようとする！

無意識のうちに一歩前に出て用を足そうとするため、便器が汚れなくなり、最終的には清掃費の節約に！

### ナッジの主な例

| レジ前に並ぶ位置マークがある | レストランなどで誘導表示がある |
| --- | --- |
| ↓ | ↓ |
| マークの通りに並ぶ | 注文の集約化となる |

人の心理に図や言葉などによって影響を与えると、望ましい方向へ行動を誘導することができます！

# 4 「成功率95％」「失敗率5％」の心理効果

## ◆「フレーミング効果」の基本

行動経済学には、心理学の要素が多く取り入れられています。

**「損失を回避したい」という人間心理の特徴に注目した点では、「フレーミング効果」もよく用いられています。**

**「フレーミング効果」とは、物事の表現や説明の際に、思考の枠組み（フレーム）を変えさせる効果のことです。**

人は「言い方」ひとつで、行動を変えるものです。たとえば、「この手術の成功率は95％です」と告げられれば、手術を受けようかと思いますが、「この手術の死亡率は5％です」などと強調されると動揺して悩むでしょう。

人は損失を強調されると、損失回避方向に傾くからです。

心理学では、**不安や恐怖を煽るセリフを「フィアアピール」と呼びますが、**行

## 図解「フレーミング効果」とは？

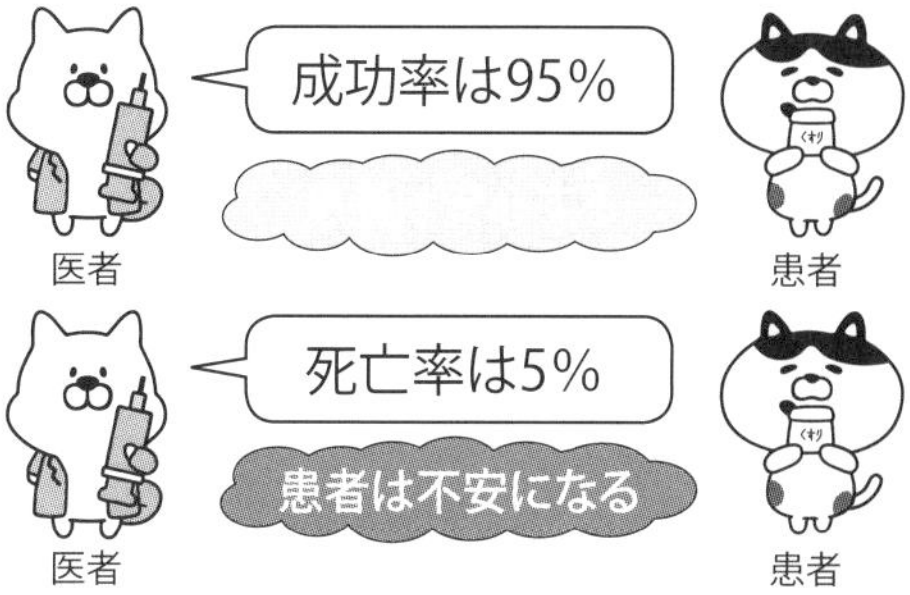


動を促す効果も、ポジティブメッセージよりも、ネガティブメッセージのほうが効くことが知られています。

また、内容は具体的なメッセージよりも、抽象的なメッセージのほうが、長期的に不安を煽るには効果的とされます。「きみ、怒られるよ」よりも、「きみ、痛い目にあうよ」のほうが、一見メッセージは弱く感じますが、不気味な印象が長く継続するのです。

「きみ、失敗したら、担当を替えるからね」よりも、「きみ、失敗したら、居場所がないよ」のほうが相手は「どうなるのか」と、いつまでも不安感が消えません。

脅しはほどほどにして、最後は失敗したとしても「まあ、よくやった」「がんばったよ」などのフォローが欠かせないでしょう。

## 「数字を小さく見せる」心理効果

**「フレーミング効果」は、とりわけ数字の見せ方で威力を発揮します。**「1分で登録できます」のほうが、「60秒で登録できます」よりもストレスを感じさせないものです。「時間の速さ」をアピールしたいときは、単位を変えて数字を小さく見せると効果的です。

ただし、「量の多さ」をアピールするときは、数字を大きく見せるのが効果的。栄養ドリンクなどの成分表記は、数字を大きくするとおトク感が増します。「タウリン1g配合」より「タウリン1000mg配合」のほうがいいのです。

**「言い方」ひとつで人間心理は変わる**

**出費や費用のことを「投資」と言い換えるだけでポジティブにとらえる人が多くなります**

## 図解 「成功率95%」「失敗率5%」の心理効果

1分で登録
できます
60秒で登録
できます
タウリン
1g配合
タウリン
1000mg
配合
人間が数字から受ける印象は
ケースバイケースで変化して
いきます！
さまざまな場面で数字が使われ
ていますが、効果的に伝わるよ
うな工夫が隠されています！

# 5 「行列＝うまい店」という認知バイアス
## ◆「ヒューリスティック」って何？

**「ヒューリスティック」（発見的手法）は、心理学から生まれた概念で、「問題解決のため、正解に近づける直感的な思考法」のことです。**

何らかの問題を解決するとき、私たちは自分の経験則や先入観などに基づいて、簡略化した思考（勘）のもとで物事の判断をします。そのため熟考するときよりも短時間で結論を出せますが、その結論が合っているとは限りません。

たとえば、「東大卒の人なら、どんな仕事も無難にこなせるだろう」などという考えがちです。しかし、重要な仕事を任せたら、とんでもない仕事ぶりだったというのも、「ヒューリスティック」の判断ミスです。

もうひとつ、**行動経済学では「ヒューリスティック」と並んで、「認知バイアス」という心理学の概念も用いています。**

## 図解「認知バイアス」とは？

最後尾
行列＝おいしい
食べる前から脳が判断！
先入観のみで評価を脳が勝手に決めてしまう
ヒューリスティック
認知バイアス

「認知バイアス」とは、ヒューリスティックが導く判断ミスの中でも、とりわけ多くの人が陥る思考パターンのクセ（先入観）を意味します。

ラーメン店の前での長蛇の行列を見て、「この店のラーメンはうまいはず」と思うのも認知バイアスです。

こうした「ヒューリスティック」や「認知バイアス」で、多くの人が陥っている判断ミスの事例を、前述の行動経済学者のダニエル・カーネマンは、ビジネスの現場での事例を挙げて紹介しています。

「上司に悪い報告をするときは、よい報告もセットで行い、よい報告を悪い報告の後にすべし」というものです。

悪い報告をしたときに与えた上司に対する自分の印象を、後からしたよい報告により緩和させるからです。

## 人に「幸福感を長く感じさせる」法

前述のダニエル・カーネマンは、「人材育成はほめても叱っても結果は同じ」と主張しています。なぜなら、ほめると後の結果が悪くなり、叱ると後の結果がよくなるケースが多いだけで、「ほめる・叱る」は、人材育成と無関係であると説いています。さらに彼は「昇給は小刻みに、出来る社員には地位を与えるべし」とも言っています。

一気に昇給させるより、小刻みに昇給させるほうが幸福感が持続するからです。また、デキる社員は昇格させ周囲と差別化すると、本人の幸福感が高まるからです。

### 「消費者はつねに正しい」訳ではない

「美人は心も美しい」と見立ててしまう「ハロー効果」も認知バイアスのなせる業のひとつです

## 図解 「行列＝うまい店」という認知バイアス

「ヒューリスティック」の判断ミス
いい仕事ができるだろう……
東大卒
東大卒というだけで大きな期待をする
上司
脳が勝手に間違った判断をしてしまう！
Aが悪い報告です！
Bがよい報告です！
部下
悪い報告はよい報告とセットで報告するのが◎
上司
悪い報告をする場合は、よい報告を悪い報告の後にすると、よい報告が相手の記憶に残ります！

## 6 笑顔がなぜ「消費の誘導剤」となる？

### ◇「プライミング効果」の基本

「プライミング効果」のプライミングとは、「点火薬」「起爆剤」「呼び水」という意味の言葉です。

**心理学用語ですが、行動経済学でマーケティングを論じる際にも使われる言葉になっています。**たとえば、アフリカの貧困国の子どもたちへの寄付を募集するケースです。寄付者に統計的な情報を見せる場合と、貧困国の子どもたちの顔写真を見せる場合とでは、圧倒的に後者のほうが、寄付額が大きくなったという行動経済学者たちの実証実験があります。

子どもたちの屈託のない笑顔に、寄付者の感情が揺り動かされたからにほかなりません。また、運転免許証更新の講習会で、交通事故の悲惨な映像を見せると、参加者のその後の運転が慎重になるといった事例も多く報告されています。

## 図解「プライミング効果」とは？

〔交通事故の映像を見せる〕 → 運転が慎重になる

〔貧困国の子どもの写真を見せる〕 → 寄付金が多く集まる

脳は先行する刺激（プライマー）によって後続する刺激（ターゲット）の処理に影響を受けます！

このように、先行する刺激（プライマー）の処理が、後続する刺激（ターゲット）の処理に影響を与えます。すると、あとあと無意識のうちに行動を促進したり、抑制する働きが生じます。これが「プライミング効果」と呼ばれる現象です。

人は、過去の経験則などにしたがって、物事を冷静に判断していると思われがちです。しかし、実際にはこれらの例のように、**直前に見たモノや経験したことに、大きく影響されて直後の行動が変化しているのです。**

人は、テレビCMや、雑誌やネットの記事、周囲の風景、何かの手触りや香りなど、あらゆるものから影響を受けて、無意識のうちに動かされているわけです。

## コカ・コーラ社の「サンタクロース戦略」

寒い冬場であっても、暖かい部屋でおいしそうにアイスクリームを食べる人の写真を見ると、アイスクリームが食べたくなるのも「プライミング効果」です。

**1931年から始まった米国コカ・コーラ社のクリスマス広告は、マーケティング史に残る「プライミング効果」の成功例として有名です。**真っ赤な衣装をまとい、白い口髭をたくわえた陽気なサンタクロースが、おいしそうにコーラを飲む広告だったからです。このサンタクロースのイメージは世界標準になり、赤白のデザインのコカ・コーラの売上げにも多大な貢献をしました。

**人は直前に受けた印象に左右される**

「みりん」と10回言わせ、鼻の長い動物を尋ね「キリン」と言わせるのもプライミング効果です

## 図解 笑顔がなぜ「消費の誘導剤」となる？

**プライミング効果**

点火薬　起爆剤　呼び水

↓

**直前に見たモノに脳は影響を受ける**

**コカ・コーラ社の広告とプライミング効果**

白い口髭

大きな体

真っ赤な衣装

陽気で明るい

↓

**赤と白のデザインのコカ・コーラをおいしそうに飲む**

コカ・コーラの広告が発端となり現在のサンタクロースのイメージが確立し、世界中に広がりました！

## 7 ファストフードの「色」。赤が多い理由

### 「感性マーケティング」の基本

**感性マーケティングで重要なものに「色彩」や「音響」の効果が挙げられます。「色彩」は視覚を通じて、「音響」は聴覚を通じて感性を刺激します。これによって、さまざまな効果を人に及ぼすことができるわけです。**

まず、「色彩」ですが、左ページの図にあるように、それぞれの「色彩」は、人に及ぼす心理効果がそれぞれ異なります。

たとえば、病院は青や白の寒色系や無彩色カラーを壁や天井に使い、清潔感をかもすことが多いでしょう。

いっぽうで、ファストフード店など、お客の回転率が勝負の要となるところでは、短時間の滞在でも長時間くつろいだように感じてもらうために、赤系や茶系の暖色系カラーで内装している店が多いのです。また、ユニフォーム効果では、

## 図解「感性マーケティング」とは？

| 病院の内装 | ファストフード | 警察官・ガードマン・葬儀社の制服 |
|---|---|---|
| 〔青・白など寒色系や無彩色〕 | 〔赤系や茶系の暖色系〕 | 〔黒系〕 |
| 清潔感をかもし出す | リラックスできる | 威厳や厳格さをイメージ |

色彩には、人の心に影響を及ぼす力があります！

警察官やガードマン、葬儀社のスタッフなどの制服は黒系で、権威や厳格さをイメージさせています。白系では逆効果になってしまいます。

なお、服装のどこかに赤色を取り入れると、その人物を非常に魅力的に映す効果があることも、色彩心理学ではよく知られています。

さて次に「音響効果」ですが、具体的効果としては3つの効果が挙げられます。

**1番目は「マスキング効果」**で、他の雑音や騒音などの邪魔な音を隠す効果です。

**2番目は「イメージ誘導効果」**で、高級感や安らぎを演出したり、季節感をかもし出したりする効果です。

**3番目は「感情誘導効果」です。**

たとえば、ゆったりしたテンポの音楽は、スーパーなどの店内の滞在時間を延長させる効果があります。

## 引っ越し用の段ボールが「白い理由」

「色彩」や「音響」には、さらに面白い効果があります。

たとえば、引っ越用の段ボールの色を真っ白にすると、黒色の段ボールと比べ、重さが半分程度に軽く感じられます。引っ越し業者の段ボールが、どれも白いのはそれなりの理由があったのです。

また、重低音のドスの利いた「音響」を好む人は、支配欲が強く活動的な人が多いことが、実証実験で証明されています。

## 「赤い色を上手に使う」色彩効果

赤色を服装に取り込むと、その人物が魅力的に映るという色彩効果の不思議は有名です

## 図解 ファストフードの「色」。赤が多い理由

## 8 「無料」という甘い言葉の裏にあるもの

### 「フリーミアムのビジネス」って何？

リアルな実店舗では、無料で試食させたり、無料で商品を配ることには限界があります。昔から無料でお客にサービスするのは、集客効果を狙うからですが、お客が無料サービスだけを享受するばかりだと、経営は成り立たなくなるでしょう。どこかでお金を払ってくれないと、商売が成り立たなくなるからです。

しかし、ネットビジネスという仮想空間では、それが可能になっています。無料でサービスしても、ユーザーの内からわずか5％程度の有料顧客を開拓できれば、それだけで商売が成り立ちます。コストが激安のビジネスモデルが成立するようになったからです。

こうしたビジネスを**「フリーミアム」**のビジネスと呼んでいます。「フリー（無料）」と「プレミアム（有料・高度なサービス）」の合成語です。

## 図解「無料＝フリーミアム」とは？

「フリーミアム」のビジネスは、インターネット上のウェブサービス、ソフトウェアサービス、ゲームなどいろいろあります。クックパッドやネットニュースのほか、Zoom・YouTubeなどがおなじみでしょう。

無料で誰でも使えるものの、一定のサービス以上の利用には有料会員になる必要があり、それによってより高度なサービスを受けられるというしくみです。

こうした「フリーミアム」のメリットは、何といっても参入しやすく、新規顧客開拓のしやすさにあるでしょう。

そして、口コミやSNSなどで認知度

を上げやすいのも利点です。顧客からのサービス改善のフィードバックも受けやすく、利便性を改善することで、有料会員への誘導もしやすいことが挙げられます。

## 無料サービスのデメリット

いっぽうでデメリットもあります。提供するサービスの魅力度が低いと集客効果が上がりません。無料の基本サービスで十分満足されると、有料顧客への誘導がままならなくなり、運用を続けることが難しくなるからです。

成功している前述の「フリーミアム」のビジネスは無料でも非常に使いやすく、多くのユーザーを獲得しています。そのうえで利用頻度や使用環境次第では、有料会員になるとさらに高度なサービスが受けられるという、その**付加価値こそが魅力度を高めているのです。**

### 企業戦略が隠されている無料サービス

**フリーミアムのサービスは有料プランへの誘導だけでなく、広告収入でも成り立っています**

## 図解 「無料」という甘い言葉の裏にあるもの

### フリーミアムのメリット＆デメリット

**メリット**

- 参入しやすい
- 新規顧客の開拓がしやすい
- 認知度を上げやすい

**デメリット**

- 魅力がないと集客効果が上がらない
- 無料の基本サービスで満足してしまう

誰でも簡単に始められる「フリーミアム」ですが、デメリットがあることを理解しなければなりません！

### フリーミアムの成功例

**クックパッド**

無料でレシピを公開

↓

有料で人気レシピを公開

**YouTube**

無料で動画の視聴や投稿が可能

↓

広告収入を得ながら有料の快適サービスの提供

# 頭を磨くコラム②

## 比較優位——何を輸出すれば一番儲かる?

「比較優位」とは、イギリスの経済学者リカードが唱えた自由貿易推進の概念です。たとえば日本はベトナムと比べれば、自動車や服を効率よく、大量に生産できます。つまり、日本はベトナムに対し優位性を持ちます。

しかし、日本が自動車や服の生産を両方やるより、相対的に得意な（比較優位）自動車の生産に特化して輸出を増やし、服は人件費が安く労働集約型の生産が得意な（比較優位）ベトナムに任せて輸入したほうが効率がよいのです。なぜなら、それぞれの国の労働投入量を得意なモノの生産に集中させれば、全体の生産量が増えるからです。

| | 日本 | ベトナム |
|---|---|---|
| **自動車** | 相対的に高い | 相対的に低い |
| **服** | 相対的に低い | 相対的に高い |
| 服の生産はベトナムに任せたほうが効率的！ | | |

第3章

# 「今の世界」がよくわかる!最新「経済キーワード」

## 1 「SDGs」で社会と経済はこう変わる

### ◆「持続可能な開発目標」って何？

**SDGsとは「Sustainable Development Goals（持続可能な開発目標）」の略称です。** 2015年の国連総会で採択された「持続可能な開発のための2030アジェンダ」のことで、17の目標と169の達成基準が盛り込まれています。

「持続可能な開発目標」とは世界で課題となっている貧困、気候変動、人種やジェンダーによる差別などに対して、世界の国々が協力しあい、問題点を解決しながら社会・環境・経済の3つの要素が調和する状態を実現する目標のことを指し、具体的な施策が掲げられています。

たとえば17の目標には「貧困をなくそう」「飢餓をゼロに」「働きがいも経済成長も」「気候変動に具体的な対策を」などの項目があります。

## 図解「持続可能な開発目標」とは？

気候変動に
具体的な対策を
ジェンダー平等を
実現しよう
貧困をなくそう
CO2
脱炭素
世界各国が協力して問題を解決していく

それぞれの目標に対しては10程度の達成基準があります。その数が169個になるので、169のターゲットとも呼ばれています。**SDGsの特徴は、各国が17の目標と169の達成基準に対し、どの程度クリアしているか、その進捗状況を報告しあう点にあります。**

SDGsが注目されるようになったきっかけは、2017年、世界の政治経済のリーダーがスイスのダボスに集まり実施されたダボス会議でした。

SDGsに取り組むことは約4億人の雇用創出や12兆ドルを超える経済効果が見込めるとの発表があったのです。

## 2 これからの企業の最重要課題「ESG」

### 3つの指標「環境」「社会」「企業統治」

ESG投資とは、投資家が企業に対して投資をする際、その判断材料を企業が「ESG」についてどのような取り組み方をしているか、それをメインの判断基準としている投資方法のことをいいます。

**ESGとは、「環境（Environment）」「社会（Social）」「企業統治（Governance）」の3つの単語の頭文字をとったものです。**

ESG投資はどうして注目を集めるようになったのでしょうか。

それは2006年に国連が、これからの企業評価は従来の短期的な視点から長期的なものへ変え、企業がESGを意識しているかどうかを企業の判断基準（責任投資原則＝PRI）にすべきであると、投資家へ向け提唱したからです。

従来の投資家の考え方は、企業の売上げや株価など、数値（業績や財務情報）

## 図解「ESGの3つの指標」とは？

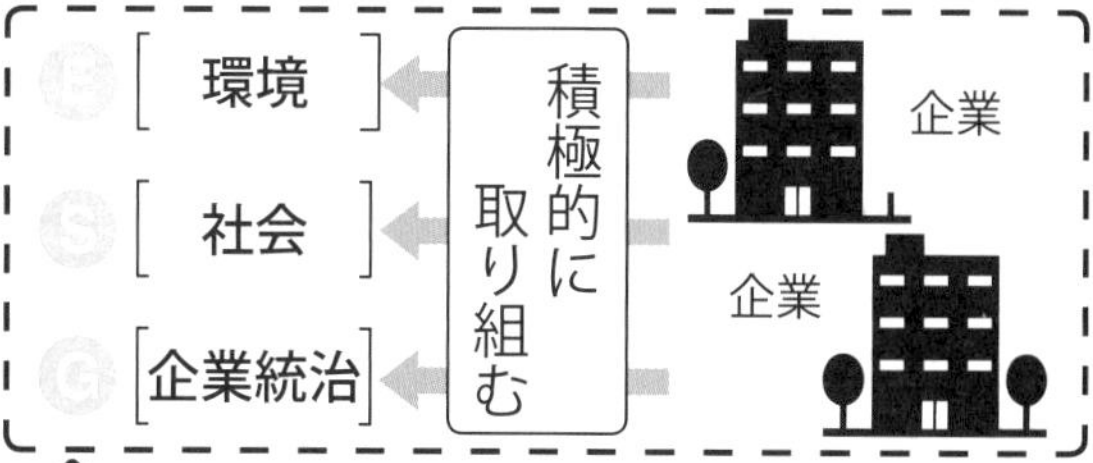

再生エネルギーの利用（E）、職場の男女平等（S）、法令順守（G）などが具体的な例です！

での判断が中心でした。

しかしこれからは、脱炭素やダイバーシティー（多様性）など企業のESGへの取り組みを投資判断の中心にすべきであると発表されたのです。

**日本は2015年にPRIに署名、さらにSDGsが国連で決議されたことが契機となり、ESG投資はさらに注目を集めるようになって現在にいたっています。**

基本概念はSDGsと酷似していますが、SDGsは国連の加盟国が行動する目標であるのに対し、ESGは企業が取り組む目標になっています。

# 3 「仮想通貨」で知らないとマズいこと

## ◆「電子マネー」と「暗号資産」の違い

暗号資産とは仮想通貨とも呼ばれ、パソコンやスマホなどで決済として活用できる財産的な価値のあるものをいいます。

電子マネーと同じ類いのものと思っている人もいますが、本質は異なります。**電子マネーは、円やドルといったもともとのお金の価値が電子化されたものです。つまり電子マネーは実際に発行されているお金、すなわち法定通貨が基準となっています。**しかし暗号資産は法定通貨が基準になっていません。

暗号資産は大きく「デジタル通貨」と「デジタル資産」に分けることができます。デジタル通貨とは、ビットコイン（BTC）やリップル（XRP）のように法定通貨の代わりとして使われている通貨をいいます。円やドルのような法定通貨の代わりに、暗号資産が売買取引の通貨として使われることもあります。

# 図解「電子マネー」「暗号資産」とは?

電子マネーと暗号資産は本質が異なります!

**デジタル資産とは、デジタル上に存在するモノのなかでも「価値のあるもの」として証明されたものを指します。**

音楽や絵画などのデジタルデータはコピーするのが簡単ですが、唯一無二と証明できたらどうでしょうか。希少価値が出て、高値で売買することが可能です。

証明されたデジタルデータはNFT(非代替性トークン)とブロックチェーン(分散型台帳)で管理されます。

このしくみによって、データをひとつのモノとしてとらえ、安心して取り引きができるのです。

## 4 「クラファン」という新しい資金調達法

### ◆「クラウドファンディング」の基本

**クラウドファンディング（クラファン）とは、ネットを介して不特定多数の多くの人たちからお金（資金）を集めることをいいます。**

プロジェクトの発案者はネット上でプロジェクトの告知をします。そしてそのプロジェクトを成功させるためには、いくら資金が必要なのかを提示します。告知を見た人たちが応援したいと感じれば、そのプロジェクトに投資をします。

**クラウドファンディングには大きく分けて「購入型」「寄付型」「投資型」の3つのパターンがあります。**

**「購入型」**では、資金を提供してくれた人たちに、プロジェクトが成功した際にどのような見返りがあるか提示します。

見返りは金品ではなく、権利や物品です。目標としている金額まで資金が集

## 図解「クラウドファンディング」とは？

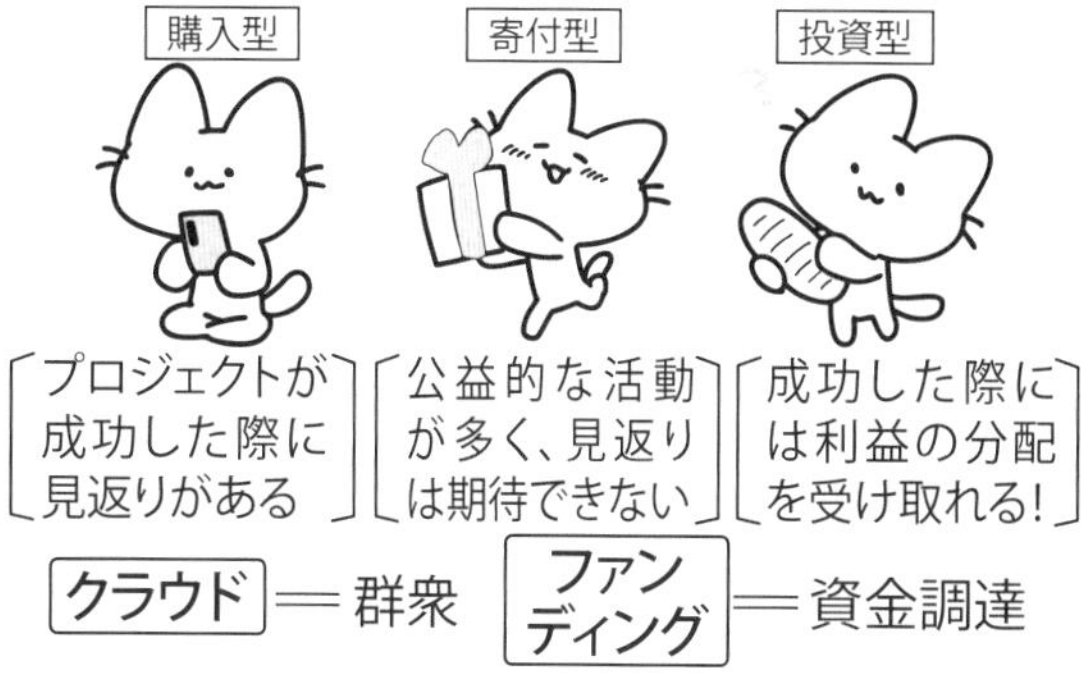
購入型
寄付型
投資型
プロジェクトが成功した際に見返りがある
公益的な活動が多く、見返りは期待できない
成功した際には利益の分配を受け取れる！
クラウド ＝ 群衆
ファンディング ＝ 資金調達

まらなければプロジェクトは中止され、資金を提供してくれた人には投資金額が返還されます。

**「寄付型」**とは、プロジェクトの目的自体が公益的な活動である場合が多く、見返りを期待することはできません。「購入型」のケースで、目標資金には到達しない場合でも、そのままプロジェクトが進められるケースは寄付型に分類されます。

**「投資型」**とは、プロジェクトが成功したときに、プロジェクトの発案者が得た利益から分配を受け取ることができるパターンです。

# 5 サブスク──新しい時代の顧客戦略

## ◇「サブスクリプション」の基本

**サブスクリプション（サブスク）とは定額の料金を月単位などで支払うことで、一定のサービスを継続的に購入・利用するシステムです。**

**「月額制」と同じしくみだと思っている人がいますが、本質は異なります。**

「月額制」は、新聞や雑誌の定期購読のように昔からあるしくみです。毎月一定額を販売店に支払うと、自宅に新聞や雑誌を届けてくれます。「月額制」は新聞や雑誌というようにモノが対価の対象になります。それに対し「サブスク」は定額料金（月単位や年単位）を支払うことによって、システムを利用することができます。つまりシステムを利用する権利が対価の対象です。

サブスクの代表的な成功例としては動画配信のネットフリックス、アマゾンプライムビデオや音楽配信のアップルミュージックなどがあります。

## 図解「サブスクリプション」とは?

サブスクの目的は顧客の囲い込みです。コンテンツに魅力がないと顧客はすぐに離れていきます!

**サブスクの目的の第一は、顧客の囲い込みです。**

一定の会員数を獲得することができれば黒字化して、安定的な利益を確保することができるからです。しかしコンテンツ自体に魅力がなければ会員は離れてしまうため、つねにコンテンツには磨きをかけ続ける必要があります。

ネットフリックスがオリジナルコンテンツに投じた制作費は２０１９年度は約１兆７０００億円でした。この金額は日本の在京民放キー局５社合計の３倍以上です。いかにコンテンツの質にこだわっているのかがわかります。

## 6 コロナで「ギグワーク」が急増した理由

### ◆「ギグワーカー」の長所・短所

**ギグワーカーとは、インターネット上のプラットフォームを介し、一時的、単発的に仕事を請け負う個人事業主やフリーランスの人たちのことです。**

個人の裁量で自由にスキルや時間を切り売りできるのが魅力です。夜間や休日の副業として、勤務先からの収入不足を補う会社員もいます。

バイトや派遣社員と異なり、面接や研修を受けずにすぐ働けるので、コロナ禍の雇用不安のなか、ギグワーカーは急増し続けています。

主な仕事としては、フードデリバリーなどの物品配達、飲食店やサウナ、カプセルホテルの接客や受付、引っ越し業務などの現場作業、工場のライン業務、特定のプロジェクト開発のフリーエンジニアなど、職種は広がりを見せているのが現状です。

## 図解「ギグワーカー」とは？

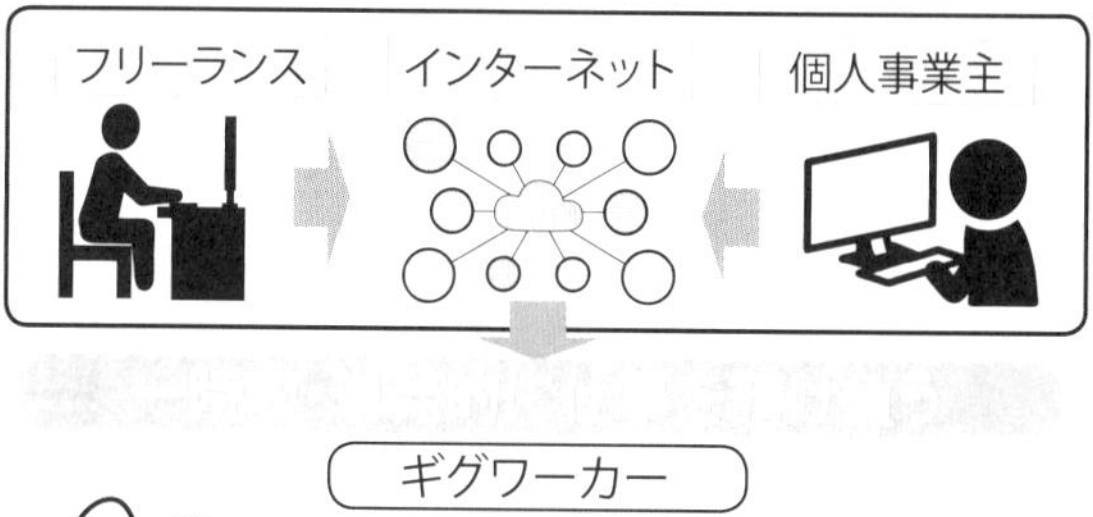

ギグワーカーは、企業側も働く側にもお互いメリットがあるため、若い世代には人気があります！

**企業側のメリットとしては、採用コストの削減や人材確保を迅速に行えることです。**

**ただし人材の質にはバラツキがあり、ノウハウの蓄積もできず、情報漏洩のリスクもある点などはデメリットです。**

なお、ギグワーカー側も、請負契約の完全出来高制で収入が不安定、福利厚生がありません（通勤手当、有給休暇、事故や病気時の労災や休業補償ナシ）。

健保や年金などの社会保険料は自己負担、最低賃金や失業保険も適用されないなど、さまざまな問題点が指摘されています。

# 7 「租税回避地」でなぜ資金洗浄できる？

## ◆「タックスヘイブン」の基本

**タックス（tax）は税、ヘイブン（haven）は避難所の意味で、「租税回避地」と訳されます。**「オフショア」とも呼ばれます（offshore＝離れた地域・海外の意）。所得に対する課税がゼロか、著しく軽減された国や地域のことで、タックスヘブン（tax heaven＝税金天国）は誤用です。

代表的な地域としては、イギリス領のケイマン諸島、バミューダ諸島、バージン諸島などのカリブ海の島々や、香港、シンガポール、米国のデラウェア州、ルクセンブルク、モナコ、スイス、オランダなどがあります。

多国籍企業が世界へ輸出する際、これらの地域にペーパーカンパニーの子会社を作り、低価格で商品を卸し、そこを経由して輸出させれば本国の利益を圧縮し、子会社へ利益を付け替えることも可能です（実体なき不正な利益の移転）。

## 図解「タックスヘイブン」とは？

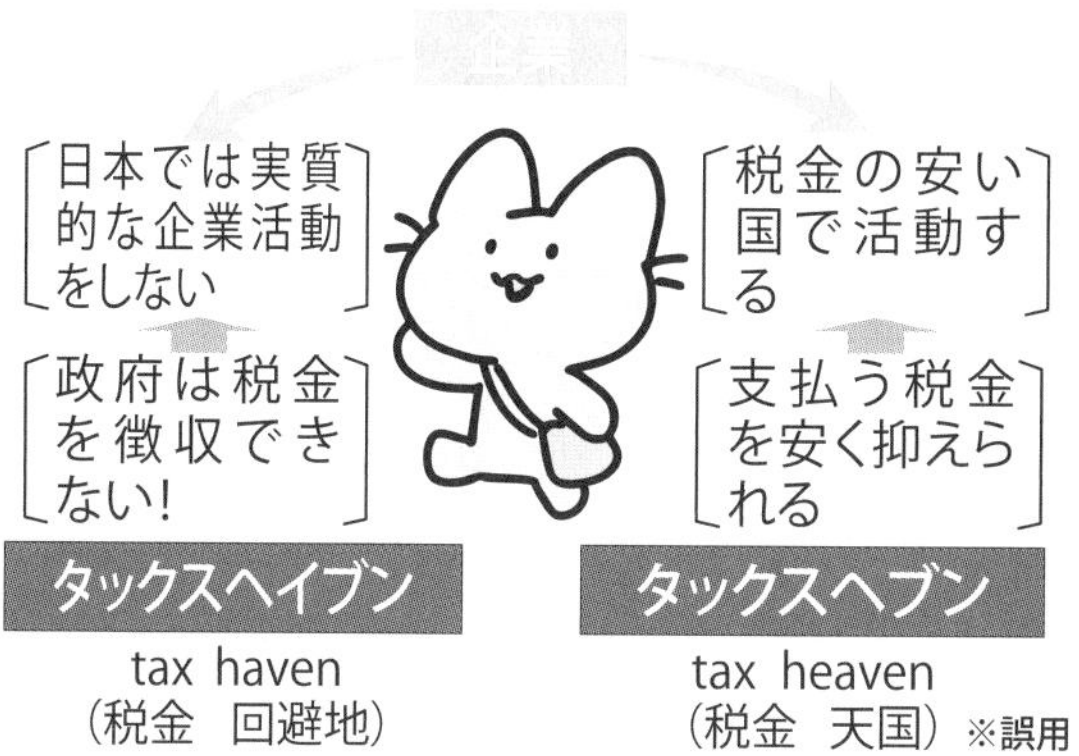
日本では実質的な企業活動をしない
政府は税金を徴収できない！
タックスヘイブン
tax haven
（税金 回避地）
税金の安い国で活動する
支払う税金を安く抑えられる
タックスヘブン
tax heaven
（税金 天国）※誤用

また、世界の富裕層による資産隠しも可能で、テロ活動や麻薬取引での犯罪資金のマネーロンダリング（資金洗浄）にも使えるため、国際的な議論を呼んできました。多くの国は二重課税の防止とともに税金逃れを封じるためのタックスヘイブン対策税制を整え、OECD（経済協力開発機構・加盟38か国）での租税条約、G7（先進7か国首脳会議）の財務相による対策の枠組み合意が図られています。

**各国での公正公平な徴税がないと財政は逼迫し、貧富の差が広がることになってしまいます。**

## 8 「IoT」人と家電の関係が激変する?

### ◆「モノのインターネット」って何?

「IoT」とは、「Internet of Things」の略で、直訳すると「モノのインターネット」となります。すなわち、コンピューターという情報通信機器に限らず、あらゆるモノ(家電や自動車など)や環境空間(工場や病院などの監視カメラなど)に通信機能をもたせ、**インターネットで相互連携させ、自動認識や自動制御、遠隔操作などを行えるようにする**ということなのです。

たとえば、すでに日常空間でもIoTを活かしたスマート家電が浸透しています。

ロボット掃除機は、スマホの遠隔操作で、掃除する範囲を指定したり、スタート・ストップ・コース変更までができます。スマート冷蔵庫は、庫内の食材リストを表示させて買い物リストを作ることや、ドアの開閉頻度のチェック(遠隔での見守り)、庫内の冷蔵・冷凍温度の調節や給水タンクの状況までも把握できる

## 図解「IoT」とは？

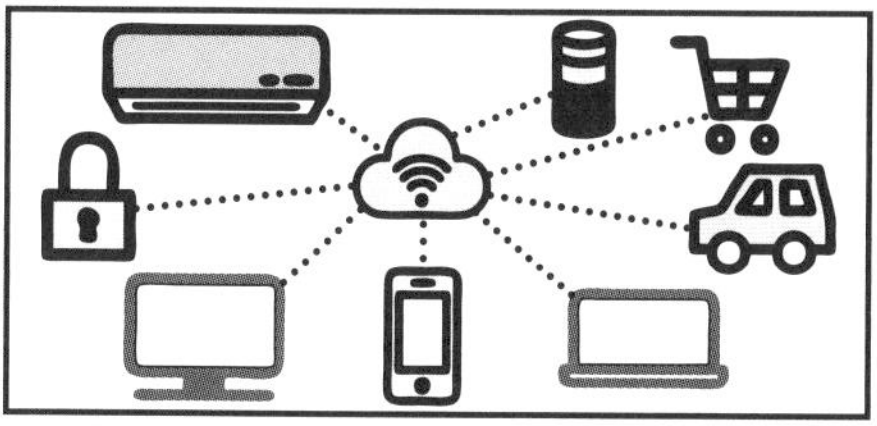

IoT＝モノのインターネット

モノ（家電製品など）に通信機能を持たせることにより、新しい生活環境が生まれることになった！

のです。

また、これらのほかにも、洗濯機、エアコン、炊飯器、オーブンレンジ、バスタブなどでも、こうした便利な機能が搭載されるようになっているのです。

こうした機能はスマートスピーカーにつなげば、人の声での操作も可能です。

つまり、モノにセンサーを付けることで、モノの位置情報、モノの状態、モノの周辺環境をデータ化したり、蓄積したりできます。

実際にいちいち確認せずとも、遠隔でその状態がわかり、離れて暮らす家族の安否確認などにも利用できます。

# 9 「男女間格差」で知らないとマズいこと

## 「ジェンダーギャップ」の基本

ジェンダー（gender）とは、生物学的な性別とは異なる、社会的・文化的につくられる性別のことを指しています。すなわち「ジェンダーギャップ」とは、**男女間にまたがる社会的な格差や不平等の実態を表すものです。**

スイス・ダボスで「ダボス会議」を主宰する国際的な非営利財団「世界経済フォーラム」が、2006年から毎年公表している「世界男女格差レポート」では、日本の順位はずっと低空飛行で、2022年度は146ヶ国中116位でした。経済・教育・政治・健康の4分野の指標から格差のスコアが付けられますが、日本は0・650という芳しくない総合スコアでした（1に近づくほど平等で、0が不平等を表す）。教育分野のスコア（1・0）や健康分野のスコア（0・973）は高くても、経済分野のスコア（0・564）や政治分野のスコア（0・

## 図解「ジェンダーギャップ」とは？

「世界男女格差レポート」から見る日本

| 教育 | 健康 | 経済 | 政治 |
|---|---|---|---|
| 1.0 | 0.973 | 0.564 | 0.061 |

**総合スコアは0.650で146ヶ国中116位**

（数値は１に近づくほど平等。０が不平等）

男女差別をなくすことはSDGsでも、目標のひとつになっています！

０６１）が低いための結果です。

これは、識字率や就学率、出生率や平均寿命の男女比は平等ながら、女性の就業機会が不平等で、賃金・所得の格差も大きく、女性の政治参加も乏しいことが大きな原因です。

男女差別をなくすことが社会発展につながるため、２０１５年には国連のＳＤＧｓ（持続可能な開発目標）でも、ジェンダー平等が掲げられました。

日本はそれ以前の１９９９年に「男女共同参画社会基本法」を施行したものの、男女差別の解消は相当、出遅れているのです。

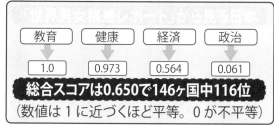

## 10 今までの世代にない「Z世代」の可能性

### ◆「デジタルネイティブ」のすごさ

**ミレニアル世代とは、2000年以降に成人式を迎える層（1980～1990年代半ば頃生まれ）**に相当し（別呼称のY世代とも重なる）、幼年期から青年期にゲーム機やパソコンが登場した「史上初のデジタルネイティブ世代」といわれ、変化に強い層ともいわれます。2023年には28歳～43歳相当の年齢になり、情報収集はネットが中心で、仕事とプライベートの区別を重視し、多様な価値観を持ち、考え方が柔軟な世代といわれています。

ミレニアル（Millennial）は「1千年の」という意味の形容詞で、ミレニアム（Millennium）は同じ意味の名詞です。両方使われますが、世代（Generation）を修飾するので「ミレニアル世代」と呼ぶのが適切でしょう。

**Z世代とは、X世代（1965～1980年頃）、Y世代（1981～1995**

## 図解「Z世代」とは?

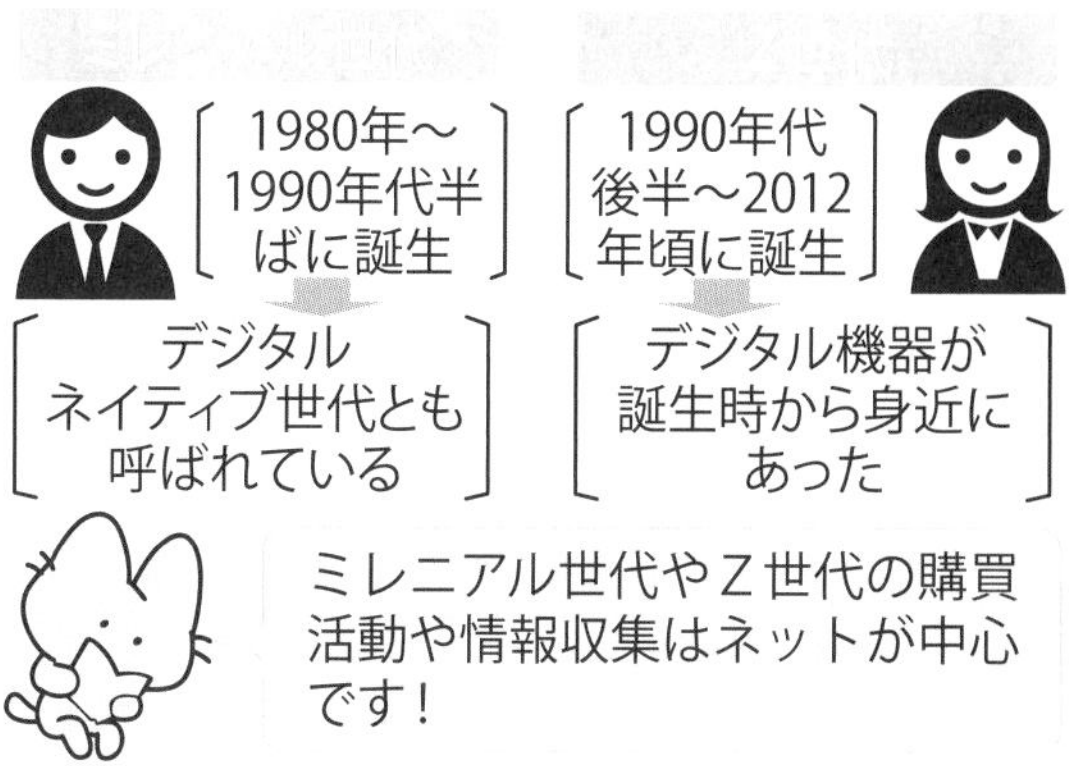
1980年～
1990年代半
ばに誕生
デジタル
ネイティブ世代とも
呼ばれている
1990年代
後半～2012
年頃に誕生
デジタル機器が
誕生時から身近に
あった
ミレニアル世代やZ世代の購買
活動や情報収集はネットが中心
です！

**年頃）に続く世代のために「Z」と呼ばれ、１９９０年代後半～２０１２年頃に出生した世代を指します。**

２０２３年には11歳～27歳相当の年齢で、ずっと日本経済の衰退期を経験してきました。Z世代の特徴は、出生時からネットやデジタル機器が身近にあり、学生時代にはスマホが普及し、ガラケー（ガラパゴス携帯＝日本独自の多機能携帯電話）を知りません。SNSとの親和性も高くTwitterやTikTokなどを自在に活用し、コスパ（価格）やタイパ（時間）を重視する世代です。

## 11 仮想空間「メタバース」で何ができる?

### 「アバター」って何?

**「メタバース」とは、インターネット上に構成される3次元の「仮想空間」のことです。**メタバースの語源は、超越を意味する「メタ(Meta)」と世界を意味する「ユニバース(Universe)」との合成です。

この仮想空間は、現実の世界に限りなく近く、各自の分身である「アバター」として参加し、アバター同士でも気軽に会話を楽しめ、現実と同じ時間が流れていくという立体的な構造になっています。

**注目されるのは、アバターを動かして仮想空間の中で遊べたり、アバター同士が自在にコミュニケーションをとれるところです。**これまでは、ゲームが中心で、任天堂の人気ソフト「あつまれ どうぶつの森」などが有名でしたが、今後はビジネスも展開できる「バーチャル(仮想)オフィス」などの活用も視野に

## 図解「メタバース」とは？

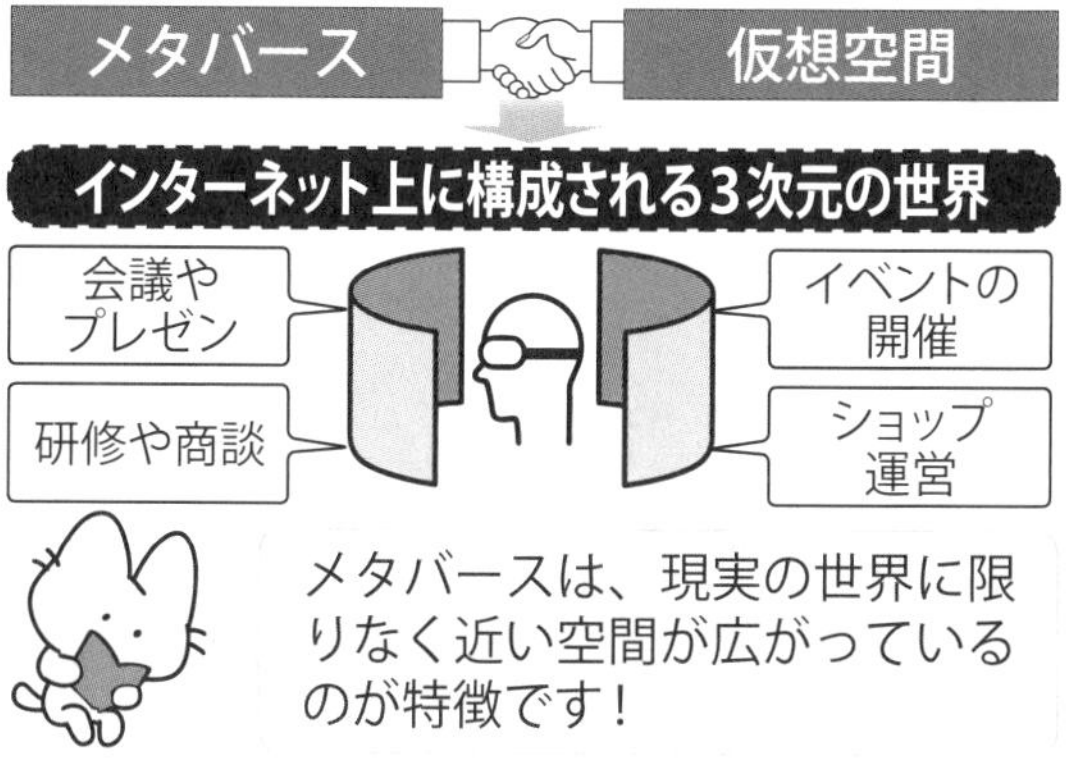
メタバース
仮想空間
インターネット上に構成される3次元の世界
会議やプレゼン
研修や商談
イベントの開催
ショップ運営
メタバースは、現実の世界に限りなく近い空間が広がっているのが特徴です！

入っています。たとえばアバターで仮想オフィスに出社し、会議やプレゼン、研修や商談などの業務も行えるのです。

また、仮想空間内でのイベント開催やショップ運営も、リアル空間では味わえない体験によって新しいビジネスの可能性が広がっています。

２０２１年には米国のＦａｃｅｂｏｏｋ社が、社名を「Ｍｅｔａ」に変え、メタバース事業に本格参入しました。ＩＴ各社も続々とメタバース開発に乗り出しており、今後の展開がどうなるのか、期待は高まっています。

## 12 「DX」と「IT化」の一番の違いは？

### ◆「デジタルトランスフォーメーション」の基本

DXとは、「デジタルトランスフォーメーション（Digital Transformation）」の略です。

DXの考え方は2004年、スウェーデンのウメオ大学のエリック・ストルターマン教授が初めて提唱しました。ひとことでいえば、**デジタル技術を活用し、ビジネススタイルや、私たちの日常生活をより快適なものに根本的に変えていくことを指しています。**

IT化と同じような概念だと思っている人もいますが、IT化とは単に、デジタル情報を活用してシンプルかつ効率的な活動をしていくことを指し、ビジネスやライフスタイルを根底から変えていくという意味は含まれていません。

そもそもデジタルはアナログと対比させ、「最新式」vs「旧式」程度と認識され

## 図解「DX=デジタル変革」とは?

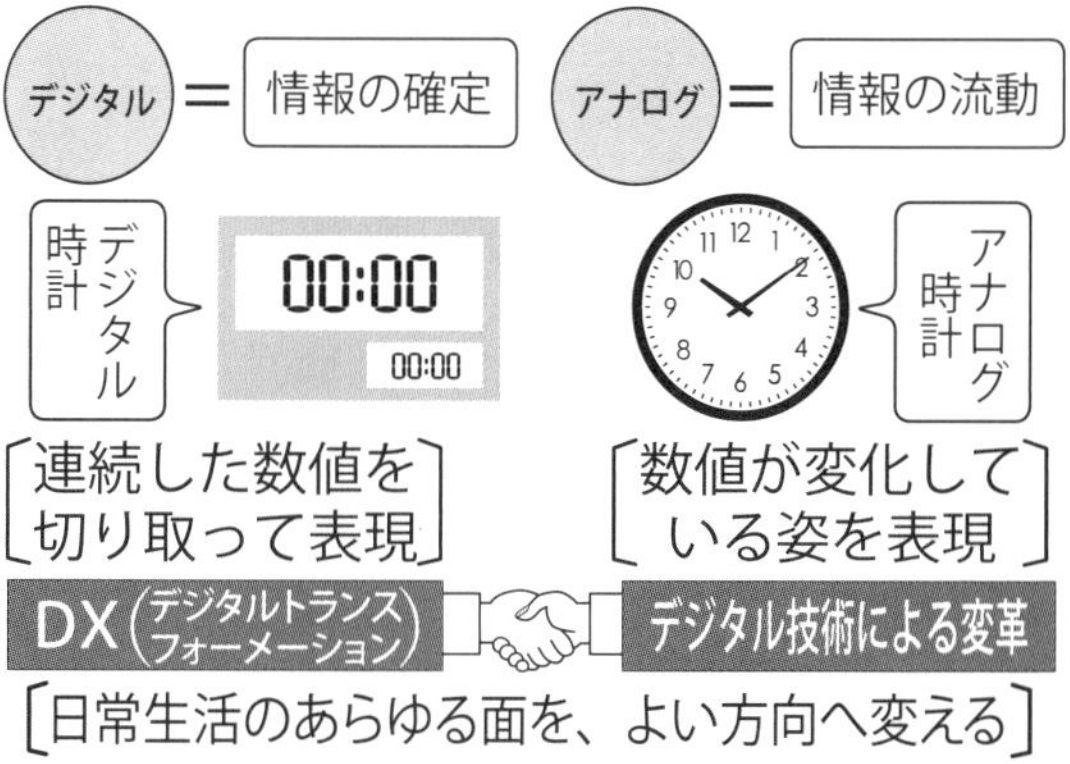


がちですが、本来の意味は**デジタルが「情報の確定」で、アナログが「情報の流動」です。**デジタル時計とアナログ時計を想起するとわかりやすいでしょう。

デジタル化は情報の簡略化＝電子化ですから、通信データがコンパクトになり、IT化にはデジタルデータが必要不可欠の条件になっているのです。

トランスフォーメーションの意味は「変革」です。英語では「Trans」の接頭辞を「X」と略すので、「T」でなく、「X」が使われ、「DX」という表記になっています。DXを直訳すると、「デジタル変革」となります。

## 13 新しい雇用形態「ジョブ型雇用」とは?

### 古い「メンバーシップ型雇用」とは?

**「ジョブ型雇用」とは、専門的なスキルに特化して雇用する人事制度です。**

欧米では一般的な雇用スタイルで、採用時に職務内容や勤務条件などを明確に文書化した「職務記述書（ジョブ・ディスクリプション）」を会社側と交わします。いわば、仕事に合わせて人を雇うしくみです。

会社側の都合で職務内容や勤務条件を一方的に変えられることはないものの、経済情勢に応じて従事する専門の職務がなくなった場合には、ほかの職務に移れる保証はありません。

また、スキルが職務水準に達しなくなったときには解雇されやすくなります。専門的スキル重視なので、能力が高ければ条件のよい会社へ転職しやすくなる制度でもあります。年功や経験でなく、厳しい実力主義の制度というわけです。

## 図解「新しい雇用形態」とは？

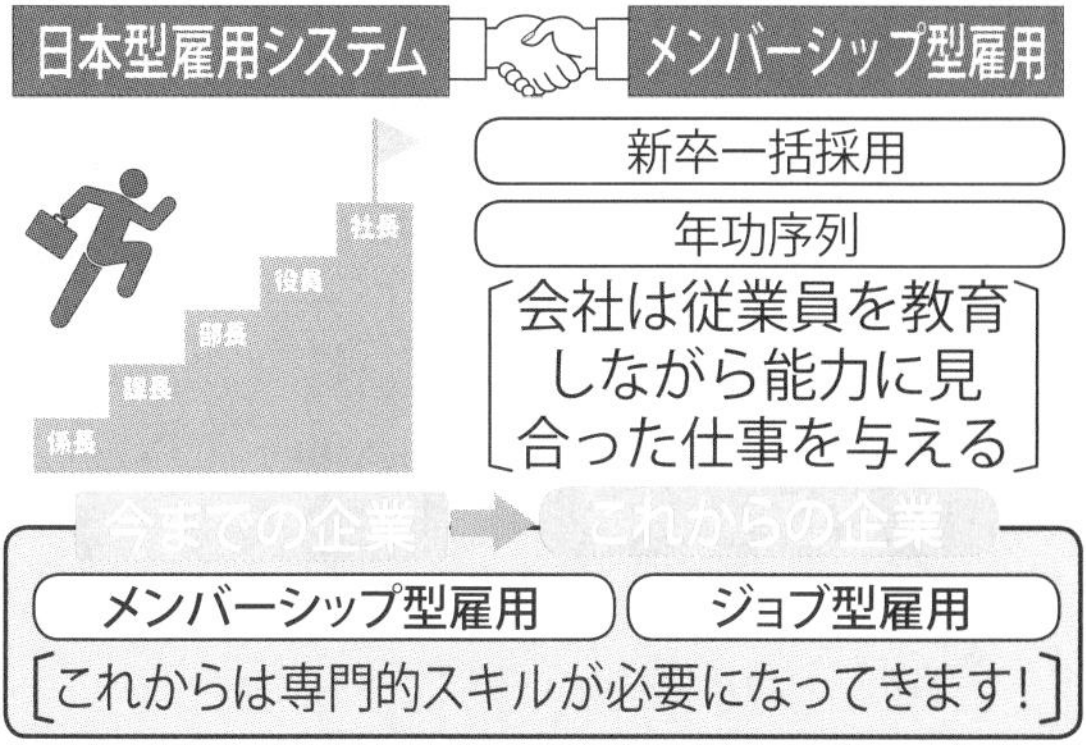


いっぽう、従来の日本型雇用システムは、「メンバーシップ型雇用」ともいいますが、新卒一括採用で年功序列、職務はローテーションで部署を回って経験していくスタイルでした。

会社側は従業員を教育しつつ、その従業員の能力に見合った仕事をあてがっていく制度ゆえに、長く勤務したほうが有利になります。

**近年は、「ジョブ型雇用」の採用が大企業を中心に増えています。**

**従来型雇用では人材育成に時間を要し、スキルも弱く、グローバル市場での競争にも勝てないからです。**

# 14 「キャッシュレス」日本で進まない理由

## ◆「現金決済」の長所・短所

**キャッシュレスとは、現金での決済を行わないことです。**

現金以外の決済手段には、クレジットカード、Suicaなどの電子マネー、PayPayなどのQRコード決済アプリがすでに活用されています。キャッシュレス化は「IT社会」「AI社会」への移行に避けて通れません。人口減少社会の日本で、生産性向上や社会の効率化は必須の課題です。

キャッシュレス化の進んだ海外からの訪日客は、現金を持たない人もいます。また、キャッシュレスは、コロナの感染防止にも有効です。さらに、現金管理の店舗ほど、従業員のレジ精算業務などの負担も重くなります。ただし、日本のキャッシュレス化は遅れています。

その原因は、「現金信仰が強い（偽札が少ない）」「ATMインフラが整っている」

## 図解「キャッシュレス化」とは?

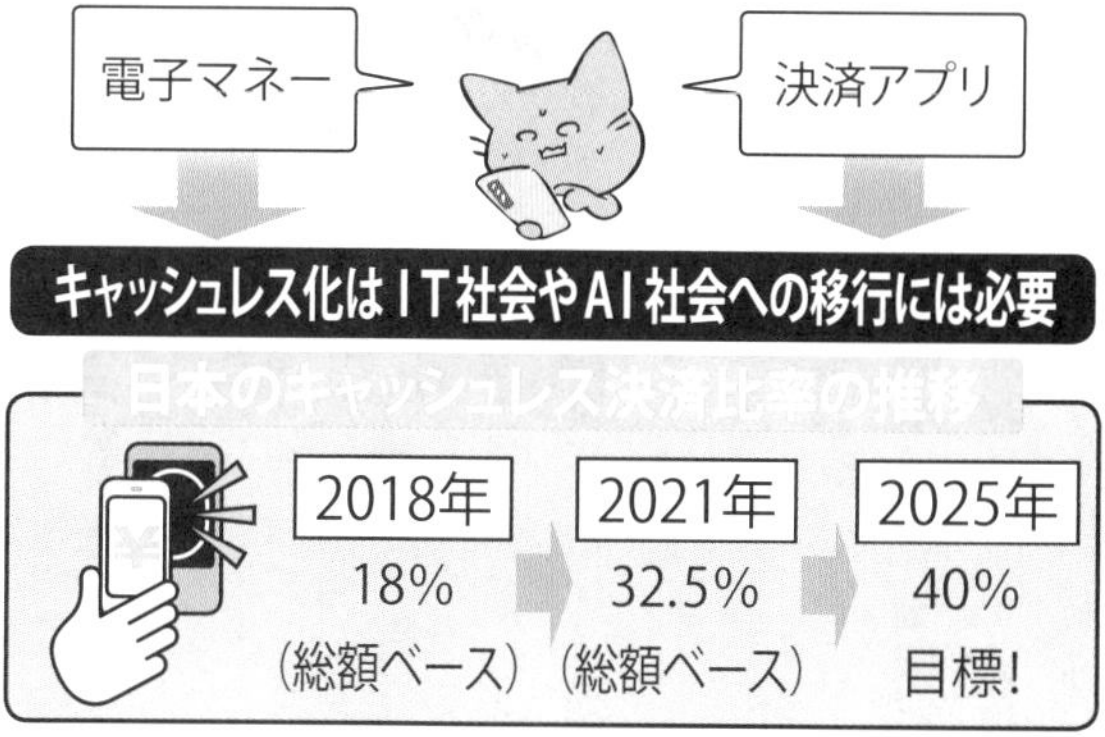


「公共料金自動引き落としサービスなどキャッシュレスサービスの充実」などが挙げられます。

むしろ、このままでは、途上国のほうがIT化、キャッシュレス化は一気に進むことになるでしょう。

キャッシュレス決済業者が乱立の日本では、業者同士の競争も熾烈です。

2018年初頭に総額ベースで18%台だった日本のキャッシュレス決済比率は、2021年に32・5%まで上昇しました。**政府は、2025年の大阪万博までに40%、将来的には世界最高水準の80%台を目指しています。**

15

# 「脱炭素社会」実現しないとなぜ困る？

## ◆「温室効果ガス」の基本

地球温暖化による異常気象で、世界中に大災害がもたらされています。地球温暖化の原因は、二酸化炭素やメタンなどの「温室効果ガス」です。

このガスが地表に溜まり濃度が増すと、太陽からの熱を吸収し宇宙への放熱が弱まり、気温が上昇します。世界の温室効果ガスの総排出量のうち、種類別では二酸化炭素が約75%、メタンが約16%を占めています。

18世紀後半のイギリスの産業革命以降、世界の化石燃料消費量は増え続けてきました。**地球の平均気温は、150～200年前と比べてすでに0・8℃ほど上昇しており、平均海面水位も20㎝ほど上昇しています。**

IPCC（国連気候変動に関する政府間パネル）によれば、21世紀末には2～4℃まで上昇するという予測もあり、こうした**危機的な温暖化問題を協議する場**

## 図解「地球温暖化対策」とは？

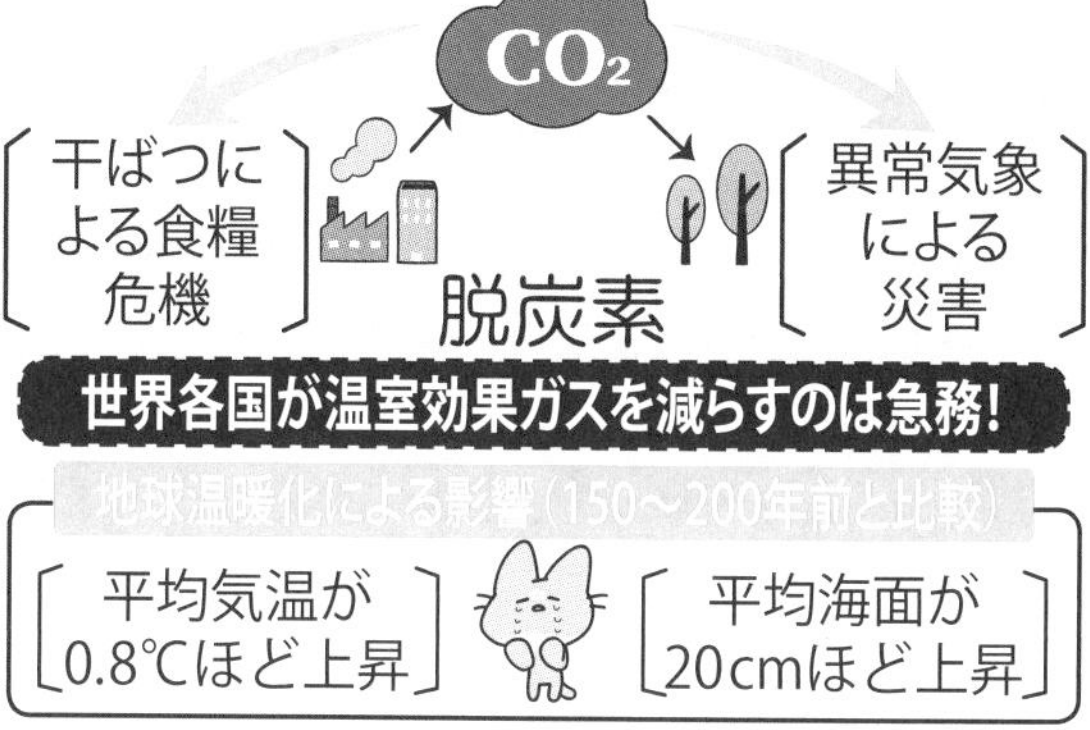
$CO_2$
干ばつによる食糧危機
異常気象による災害
脱炭素
世界各国が温室効果ガスを減らすのは急務！
地球温暖化による影響（150〜200年前と比較）
平均気温が0.8℃ほど上昇
平均海面が20cmほど上昇

**が国連のCOP（気候変動枠組条約締約国会議）です。**

1997年COP3（京都会議）では、先進国に数値目標を義務づけ（途上国はナシ）、排出量取引を設けました。

2009年COP15（コペンハーゲン会議）では、先進国の資金援助で途上国にも協力させ、産業革命以前からの気温上昇を2℃未満に抑える目標を定めました。**2015年COP21（パリ会議）では参加国すべてが義務に合意し、1.5℃未満への努力義務により、脱炭素社会への取り組みを本格化させています。**

# 頭を磨くコラム③
## 投資信託は安全——は、はたして本当？

お金はそのまま銀行に預けていても増えません。そこで、少しでも増やそうと投資信託にチャレンジしようという人が多くなっています。しかし、投資のルールを理解せず、勧められるがままに大切なお金を預けてしまうのは危険です。

投資信託とは個人投資家から集められた資金をプロの投資家が運用し、その運用益を個人投資家に分配するという金融商品のことであり、世の中の情勢によっては元本割れをするリスクがあることを知っておくことが大切です。

また購入時や保有にもに数パーセントの手数料がかかりますので、証券会社での確認も必要です。

第4章

# 「お金・景気のこと」がよくわかる!「経済」基本の基本

# 1 「好景気」「不景気」どうして起こる？

## ◆「景気」の基本

「好景気（好況）」のときは、モノやサービスがよく売れます。企業は儲かり、生産を増強するべく雇用も増やすので、人件費もアップします。企業はモノやサービスをもっと供給しようと設備を増強するため、投資も増えます。**モノやサービスの価格がよく売れて上昇しますが、この状況（物価上昇）を放置すると、お金の価値が下がってインフレになります。**

そのため日本銀行は、銀行に貸し出す政策金利を上げて、世の中のお金を金融機関に吸収させ、物価上昇を抑えようとします。やがてモノやサービスも供給が一巡して売れなくなり、企業は減収になるので、生産を減らし、人件費などもカットするので、世の中全体が「不景気（不況）」に向かいます。

世の中が不景気になると困るので、日銀は今度は逆に政策金利を下げてお金

## 図解「景気」とは？

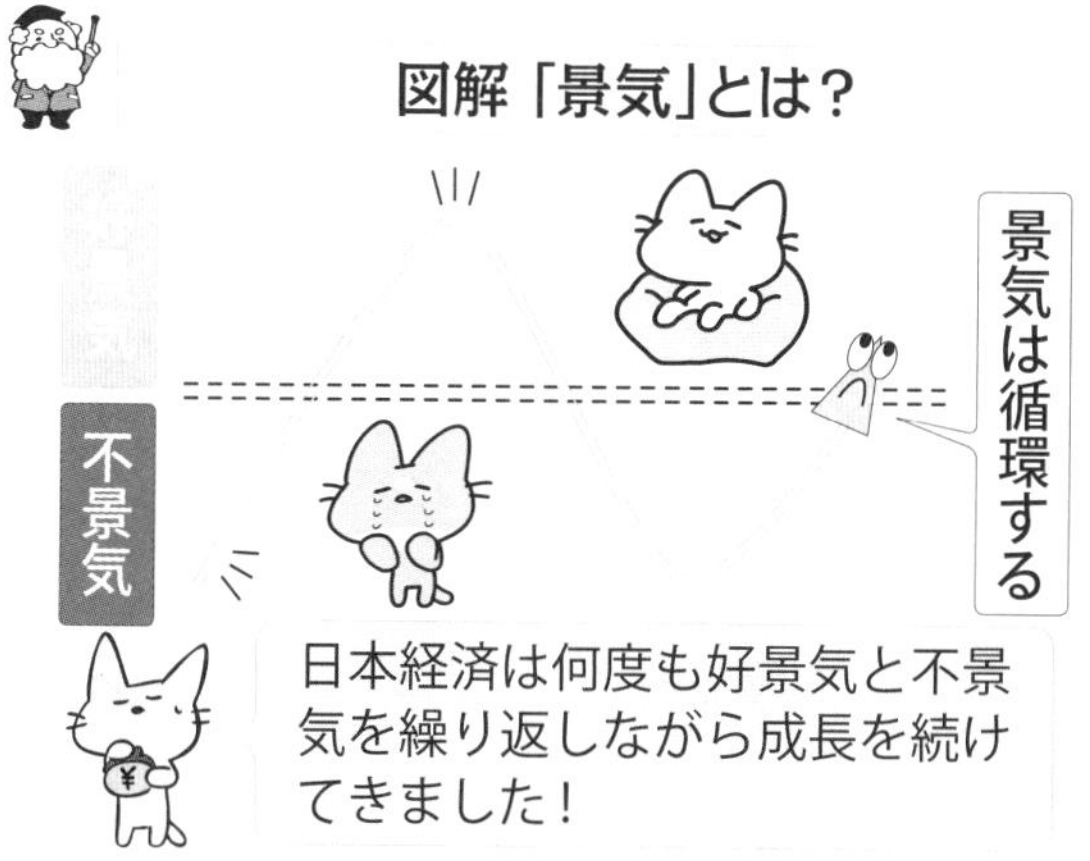
景気は循環する
不景気
日本経済は何度も好景気と不景気を繰り返しながら成長を続けてきました！

を借りやすくし、ほどよい景気の状態を保とうとします。このように**「景気」と「金利」には、密接な関係があります。景気は好況と不況の波を繰り返すので、これを「景気循環」と呼んでいるのです。**

ところで、バブル崩壊の1990年以降、日銀の政策金利はどんどん下げられました。バブル崩壊の後遺症に悩まされ、その後も景気停滞が続き、97年以降の日本経済はデフレ状態に陥ります。デフレはインフレの逆で、モノやサービスの価格が下がり、お金の価値が高いままに保たれます。つまり、不景気なのですが、民間部門を中心に、緩やかな「景気循環」

はあっても、モノやサービスの「供給」に見合う「需要」が弱いため、モノやサービスの価格が上がらなくなったのです。そうなると、企業の人件費も抑制されます。

## 日本のデフレ、なぜ終わらない？

日銀は、アベノミクスに伴い、2013年から「大規模な異次元緩和」に踏み切り、インフレ率2%を目標に金融緩和を続けていますが、デフレはまだ終焉していないのです。

日銀の大規模緩和によって輸出に有利な円安に導かれ、輸出の円換算の総額だけは増えました。

株価もまずまず上昇し、儲かっている大企業はあっても、賃金は抑えられたままです。そのため、消費税率アップや社会保険料の増額で、雇用者の可処分所得（自由に使える手取り金額）は減少しています。

### お金が循環しないと景気は悪化する

**雇用者の可処分所得が増えなければ、いつまでも需要は盛り上がらず、不景気が続きます**

## 図解 「好景気」「不景気」どうして起こる？

≪世の中が好景気のとき≫
モノが売れる
企業は儲かる
賃金が上がる
≪世の中が不景気のとき≫
モノが売れない
企業は儲からない
賃金が上がらない
景 気
金 利
日本銀行が決定する政策金利は
景気に大きな影響を与えます！

## 2 「日本銀行」どんな仕事をしている?

◆「中央銀行」の基本

世界各国やEU(欧州連合=27ヶ国の経済同盟で20ヶ国が共通通貨ユーロを導入)のような共同体には、それぞれの政府とは独立した形で中央銀行が置かれています。

中央銀行(米国はFRB=連邦準備制度理事会)とは、銀行のなかの銀行ですから、「最後の貸し手」とも称されます。**政府から独立した形をとるのは、政府の金融緩和(利下げ)圧力に左右されずに独自に金融政策を行うためです。**

日本の中央銀行は日本銀行(日銀)で、主な機能は次の3つです。

### ・発券機能

銀行券(紙幣)という通貨を独占的に発行する権限を持ち、その量を調整する役割を担っています(硬貨は政府が発行して日銀に交付)。

# 図解「中央銀行・日本銀行」とは？

発券機能のある銀行
政府の銀行としての銀行
銀行の銀行としての銀行
日本銀行は政府から独立した機関で、独自の金融政策を行います！

実際に流通する通貨のほかに、日銀の当座預金が一般の金融機関の支払準備金ともなるので、一国の通貨総量全体を調節しているのです。

市中の金融機関は、その支払準備金を日銀の当座預金に積み、同時に金融機関同士の手形交換尻（差額）の振替決済を行ってもらっています。ゆえに、銀行にとっての銀行という役割を担います。また、法律により、各金融機関は一定の金額を日銀に預ける義務もあります。

政府は、集めた税金などを歳入金とし

て日銀に預け、また年金などの支払いなどは歳出金として日銀に管理してもらっています。

## 日本銀行が担っている大きな役割

日銀は、金融政策を決定し実行しています。

日銀が国債や株などを市場で売買することで、貨幣供給量を調整する**公開市場操作**や、日銀から民間銀行への貸出金利を上下する**政策金利操作**などによって、景気の過熱の防止、逆に不景気からの脱却、物価の安定を図っています。

また、金融機関の運営状況にも目を光らせ、正常な金融システムが働くように導いています。そして、連鎖的な金融システムの混乱が生じた場合には、「最後の貸し手」として、一時的に資金が不足した金融機関に資金を供給することもあるのです。

**日本銀行は金融政策により経済を支えます**

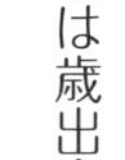

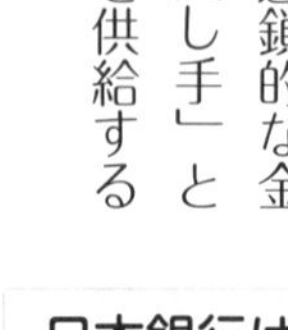

**日銀の目的は物価の安定を図り、金融システムの安定に貢献することとされています**

## 図解 「日本銀行」どんな仕事をしている？

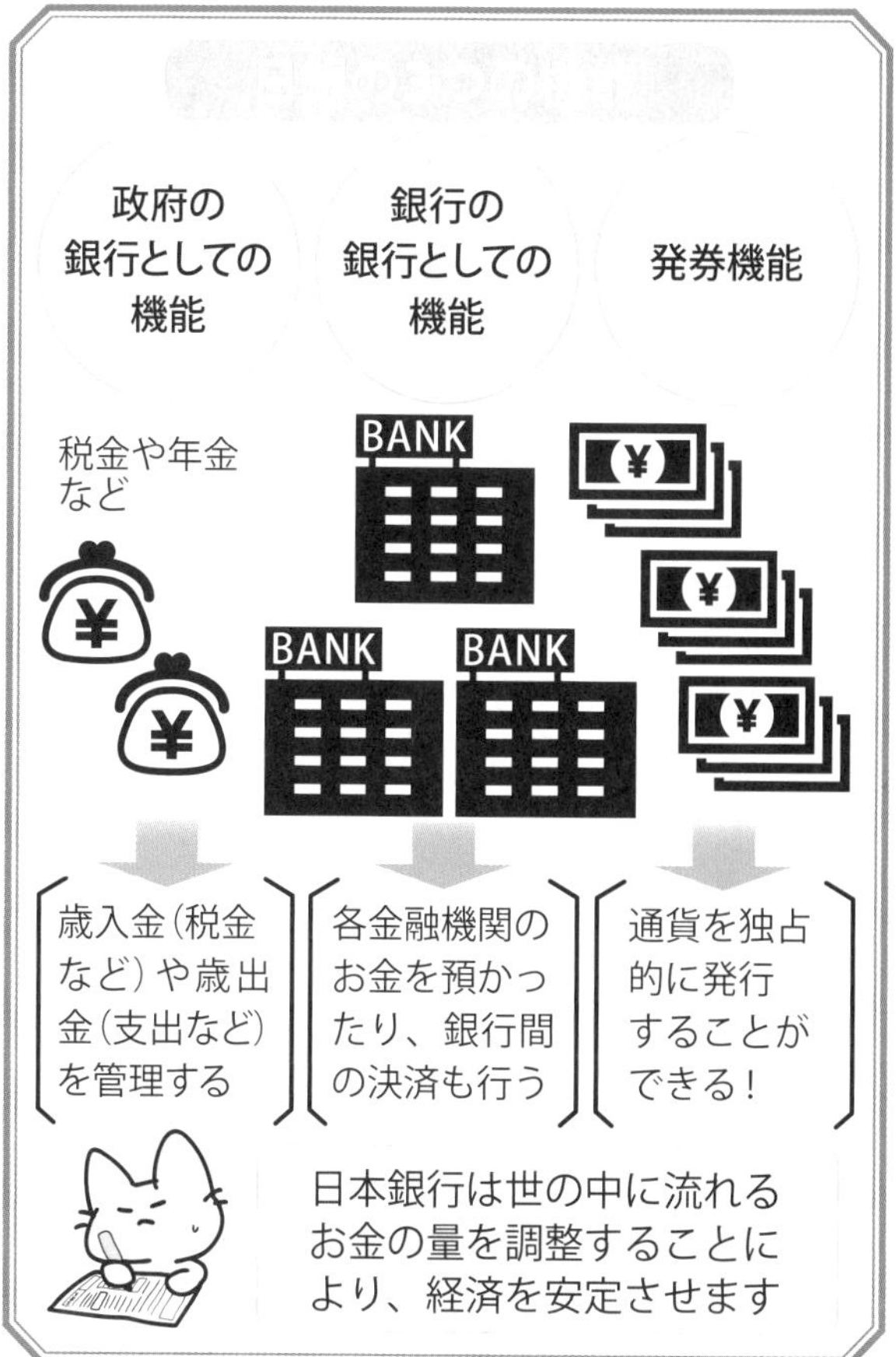
政府の銀行としての機能
銀行の銀行としての機能
発券機能
税金や年金など
BANK
歳入金（税金など）や歳出金（支出など）を管理する
各金融機関のお金を預かったり、銀行間の決済も行う
通貨を独占的に発行することができる！
日本銀行は世の中に流れるお金の量を調整することにより、経済を安定させます

# 3 「インフレ」と「デフレ」なぜ起こる?

## ◆「お金の価値」の基本

**インフレとはインフレーション(Inflation)の略で、モノやサービスの価格が上がり(物価上昇)、お金の価値が下がることです。**1年前には100万円で買えたモノが、今は110万円になったりします。一般的には、好況でモノやサービスの需要が強く、供給を上回ることで生じます(ディマンドプル・インフレ)。企業が儲かり、株価も上がり、従業員の給与にも収益が還元され、消費も上向き、経済の好循環につながるので、物価が多少上がっても「よいインフレ」と呼ばれます。日本の高度経済成長期(1955年~73年)は年率10%を超えるほどの経済成長を続けましたが、物価上昇率(インフレ率)はそれより低い5~8%程度ですみ、従業員の給与がそれ以上に伸びたので、好景気が続きました。

しかし、バブル崩壊(90年)以降は、その後遺症から経済成長率も鈍り、つ

## 図解「お金の価値」とは？

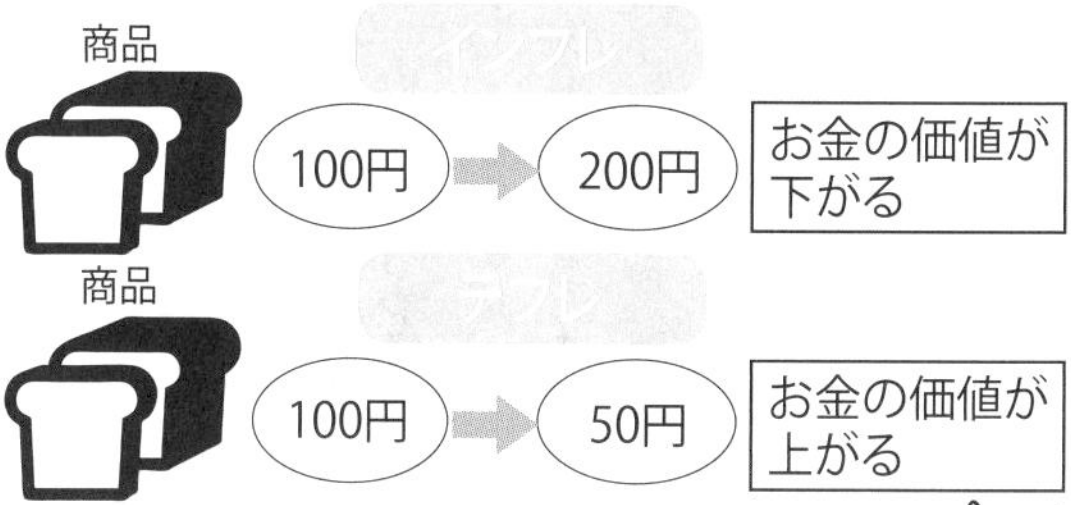


モノが売れず、商品の価格だけ上昇すると景気はさらに悪化します！

いにはデフレに陥ります。**デフレとはデフレーション（Deflation）の略で、需要が弱く供給が過剰だったり、通貨供給が不足すると起こる現象です。**

インフレとは逆で、モノやサービスの価格が下がり、お金の価値が高まります。

モノやサービスが売れないので企業は販売価格を下げざるを得ず、企業収益は悪化し、従業員の給与カットや人員削減を行ったり、工場閉鎖を余儀なくされます。

こうした状況が継続すると、下降スパイラル（らせん）に陥るのです。そのため、日銀は2013年から異次元緩和を推進し、2％の緩やかなインフレを目標としたのですが、いまだ達成できていません。**日銀のインフレ目標に対して、見直すべきという議論も起きています。**

## 悪いインフレが景気を悪化させる

インフレには「悪いインフレ」もあります。

エネルギー価格や原材料価格が上昇（コストプッシュ・インフレ）したのに、需要が弱いため、企業が販売価格に上昇分を十分転嫁できないと、企業収益が悪化します。すると給与も増えず、消費も増えない状況となります。

「悪いインフレ」を避けるには、商品の価格転嫁しかないものの、需要が弱い状態で価格だけが上昇すると、ますます売れずに不況は深まります。

景気が悪いなかで、インフレと物価上昇が同時に起きる現象をスタグフレーションといいます。

景気を左右するインフレとデフレ！

1973年と79年に起きた石油ショックが、世界をスタグフレーションに陥れました

## 図解 「インフレ」と「デフレ」なぜ起こる？

## 4 「円安」と「円高」で、どうなる日本？

### ◆「為替レート」の基本

主に、米国ドルとの為替レートで、円高や円安という水準が生じます。1ドル＝100円の円高の為替レートなら、米国で1万ドルする自動車を日本円で100万円で買えますが、1ドル＝120円の円安の為替レートなら、日本円で120万円の支払いが必要です。単純にいえば、円高は輸入に有利で円安は輸出に有利ということなのです。**国と国との貿易では、代金決済は、米ドルにいったん換算してから当該国の通貨に換えられますから（SWIFT＝国際銀行間通信協会が介在）、米ドルとの交換比率のレートは非常に重要です。**

日本もかつては（1971年12月まで）は、1ドル360円という固定相場制がしばらく続いたものの、経済成長に伴い、73年2月から変動相場制に移行しています。その結果、日々刻々と為替レートは動いているのです。

## 図解「円安」「円高」とは？

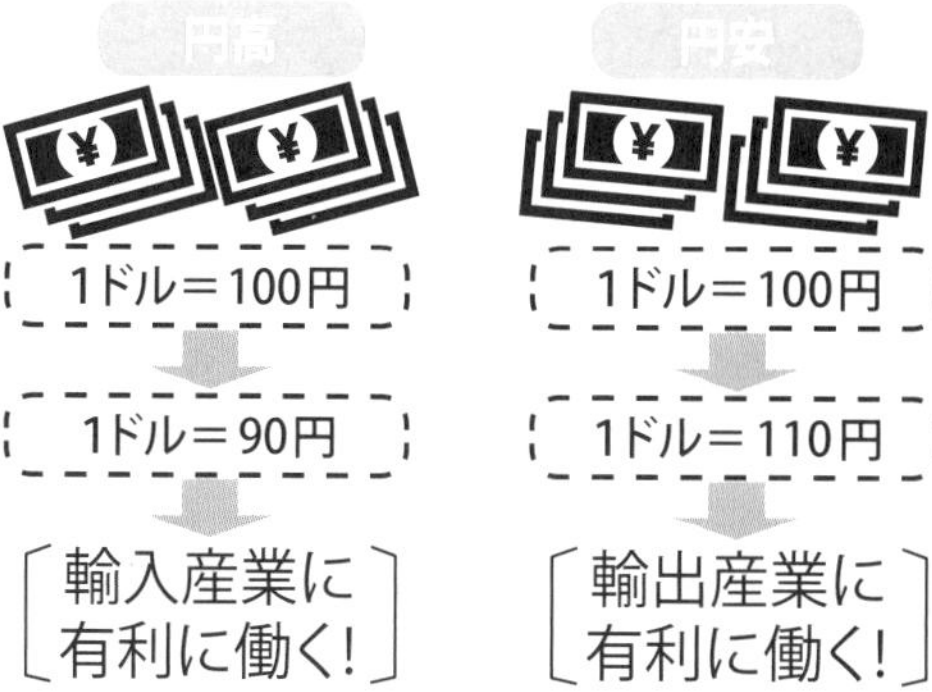


為替の変動レートを決めるのは、第一に各国の金利水準であり、米国の金利水準が上がれば、米国での運用が有利なため、自国通貨が売られ、ドル高・自国通貨安になります。

また、貿易収支で、輸出のほうが輸入よりも多ければ、稼いだドルを自国通貨に換える働きで、自国通貨の需要が増して、日本の場合は円高になります。

円安なら輸入品の価格が上がり、輸入業者にとっては不利ですが、輸出業者にとっては、海外での輸出品の価格が下がってよく売れるため有利になります。

かつての日本では輸出が多く、円高に

なると海外では日本製品が値上がりし、売上げが減るので円安を歓迎しました。

しかし80年代から90年代にかけて、日本企業が海外進出を果たした結果、円高になっても影響をあまり受けなくなってきています。

## 物価高騰につながってしまう円安

つまり、円安での輸出では、数量は増えなくても、単純に日本円換算の取り分が増えるだけという状況になってきたのです。ただし円安が続くと輸入物価の値上がりで、国内物価は上昇します。

**為替レートは、「自国通貨での購買力」で決まるべきという考え方が基本とされています。**すなわち「購買力平価」で為替レートが決定されるのが本来の姿なのです。

### 「ビッグマックの値段」で何がわかる?

購買力平価の比較では、世界中で売られるマクドナルドの「ビッグマック指数」が有名です

## 図解 「円安」と「円高」で、どうなる日本？

- メリット
  輸入業者には有利
- デメリット
  輸出品の価格上昇

- メリット
  輸出業者には有利
- デメリット
  輸入品の価格上昇

**購買力平価**

**為替レートは購買力で決定する**

購買力平価とは、米国で1ドルで買えるモノが日本で100円で買えるとき、同じモノを買えるので為替レートは1ドル＝100円が妥当とする考え方です

## 5 「GDP」と「GNP」で、何がわかる?

### ◆「経済指標」の基本

GDP(Gross Domestic Product)は、「国内総生産」と訳されます。

**1年間に日本国内にいる人が、「どれだけ儲けたか」、つまり総生産額(売上げ)から原材料費などのコスト(費用)を差し引いた付加価値の合計を表します。**国内にいる人の付加価値の合計ですから、日本にいる外国人が稼いだ金額も含まれます。部品も含め、すべてが日本国内で生産された価格100万円のクルマなら、GDPへの算入も100万円です。

ただし、価格100万円のクルマの部品40万円分が輸入品だと、国内での付加価値分は差し引き60万円分となり、GDPへの算入は60万円だけです。

レストランで2000円の食事をした場合も、材料費の半分が輸入品なら、半分の1000円分だけがGDPに算入されます。また、モノだけでなくサービ

## 図解「GDP・GNPの違い」とは？

1年間で国内で生産された付加価値の合計

1年間で国民が生産した付加価値の合計

最近は各国の経済力を示す指数として、GDPの数値を使用しています！

スもカウントされ、1時間5000円のマッサージを受けたなら、GDPへの算入は5000円です。

ただし、中古品の売買の場合は、新たな付加価値を生んだわけではないので、GDPには算入しません。

**GDPの値が高いと国の経済レベルが高く生活水準も高いわけです。**

なお、経済成長率を表す場合、名目GDPでなく物価変動分を修正した実質GDPを用いて各年を比較します。

ところで、昔は国の経済水準を表す際に、GNP（Gross National Product＝国民総生産）という指標が使われました。

これは現在GNI（Gross National Income＝国民総所得）という名称に代わっています。

## グローバル化で変わった経済のモノサシ

GDPとGNI、どこが違うのでしょうか？

GNIはGDPと違って国内だけでなく、海外に進出した日本人が、現地で稼いだ金額も含む数値です。それと同時に日本国内にいる外国人が儲けた金額を除外した数値になっています。**GNI（GNP）が使われなくなり、GDPが主流になったのは、欧米諸国が昔からGDPを経済指標の中心にしていたことと、グローバル化の影響です。**

日本のGDPが世界のGDPに占めるシェアは、戦後の高度成長期を経て1995年には約18％まで高まりましたが、以降は伸び悩み、2020年には5・3％でした。

**国の経済指標の主流は「GDP」です**

国の平均的豊かさを比較するときは、GDPを人口で割った「ひとり当たりGDP」を用います

## 図解 「GDP」と「GNP」で何がわかる？

### 2021年世界各国のGDPランキングベスト10

| | 国名 | GDP金額 |
|---|---|---|
| 1位 | アメリカ | 22兆6752億ドル（約2494兆円） |
| 2位 | 中国 | 16兆6423億ドル（約1831兆円） |
| 3位 | 日本 | 5兆3781億ドル（約592兆円） |
| 4位 | ドイツ | 4兆3192億ドル（約475兆円） |
| 5位 | イギリス | 3兆1246億ドル（約344兆円） |
| 6位 | インド | 3兆497億ドル（約335兆円） |
| 7位 | フランス | 2兆9382億ドル（約323兆円） |
| 8位 | イタリア | 2兆1062億ドル（約232兆円） |
| 9位 | カナダ | 1兆8834億ドル（約207兆円） |
| 10位 | 韓国 | 1兆8067億ドル（約199兆円） |

※IMF（国際通貨基金）が発表のデータより作成
※1ドル＝110円で換算

日本のGDPは1992年に初めて500兆円に到達しましたが、その後30年間あまり伸びていません！

### GDPとGNPの違い

| | GDP | GNP |
|---|---|---|
| 外国人が国内で稼いだ金額 | 含む | 含まない |
| 日本企業が海外で稼いだ金額 | 含まない | 含む |

## 6 バブル経済「株価が高騰＋暴落する」訳

### ◆「失われた30年」のなぜ？

日本では、1990年にバブル崩壊が起きています。

その後の日本では「失われた10年」「失われた20年」と続き、ついには「失われた30年」といわれるほどに、この30年間のGDPは伸び悩みました。デフレとともに賃金も減り続け、格差も広がり続けてきました。

ではなぜ日本にバブルが生じ、そして弾けたのでしょうか。結論からひも解けば、**バブルの発生と崩壊は「過ぎたるは及ばざるが如し」だったのです。**バブル発生の端緒は、米国のレーガノミクス（レーガン大統領の経済政策）でした。

貿易赤字と財政赤字という双子の赤字に悩まされていた米国は、1985年9月ニューヨークのプラザホテルで先進5ヶ国財務相・中央銀行総裁と協議し、米国のドル高是正と各国の内需拡大政策で合意を見ます（プラザ合意）。その結果、

## 図解「バブル経済」とは？

### ≪バブル崩壊≫

当時１ドル＝２４０円前後の日本円は、88年１月には、１ドル＝１２０円程度まで短期間で急上昇します。輸出で稼ぐ日本は、たちまち「円高不況」に陥り、日本の製造業は、輸出製品の値上がりを抑えるべく合理化への努力を迫られます。

日銀は、企業への資金繰り支援で政策金利（当時は公定歩合）を5回にわたって引き下げ、１９８７年当時としての史上最低の2・5％まで緩和したのです。そのうえ、米国株価の大暴落「ブラックマンデー」（87年10月19日）によるドル暴落を阻止すべく、対米協調のため89年5月まで、低金利を2年3ヶ月もの長期間続けました。これにより、資金の過剰流動性が生じます。

### 膨大な不良債権が発生するしくみ

**金融機関から低利の融資を受けた企業が、余剰資金を使って、われもわれもと株や不動産を買いまくり、キャピタルゲイン狙いのマネーゲーム（財テク）に狂奔《きょうほん》し、株価や不動産などが高騰したのでした（バブル発生）。**

米国は、プラザ合意でドル安に誘導しても、日本向け輸出も増えないために不満を抱えます。**日本は米国からの圧力を受け、政府は、融資の総量規制や課税強化に動き、バブル潰しに走ります。**

日銀は89年5月から90年8月までに金利を2・5%から6%まで急激に上げ、その結果バブルは弾け飛び、以降は長く不良債権処理に苦しむようになったのでした。

## 株価や地価に影響する日銀の金融政策

バブルを生み、バブルを崩壊させたのは、日銀の金融政策の大失敗のせいだったのです

## 図解 バブル経済「株価が高騰＋暴落する」訳

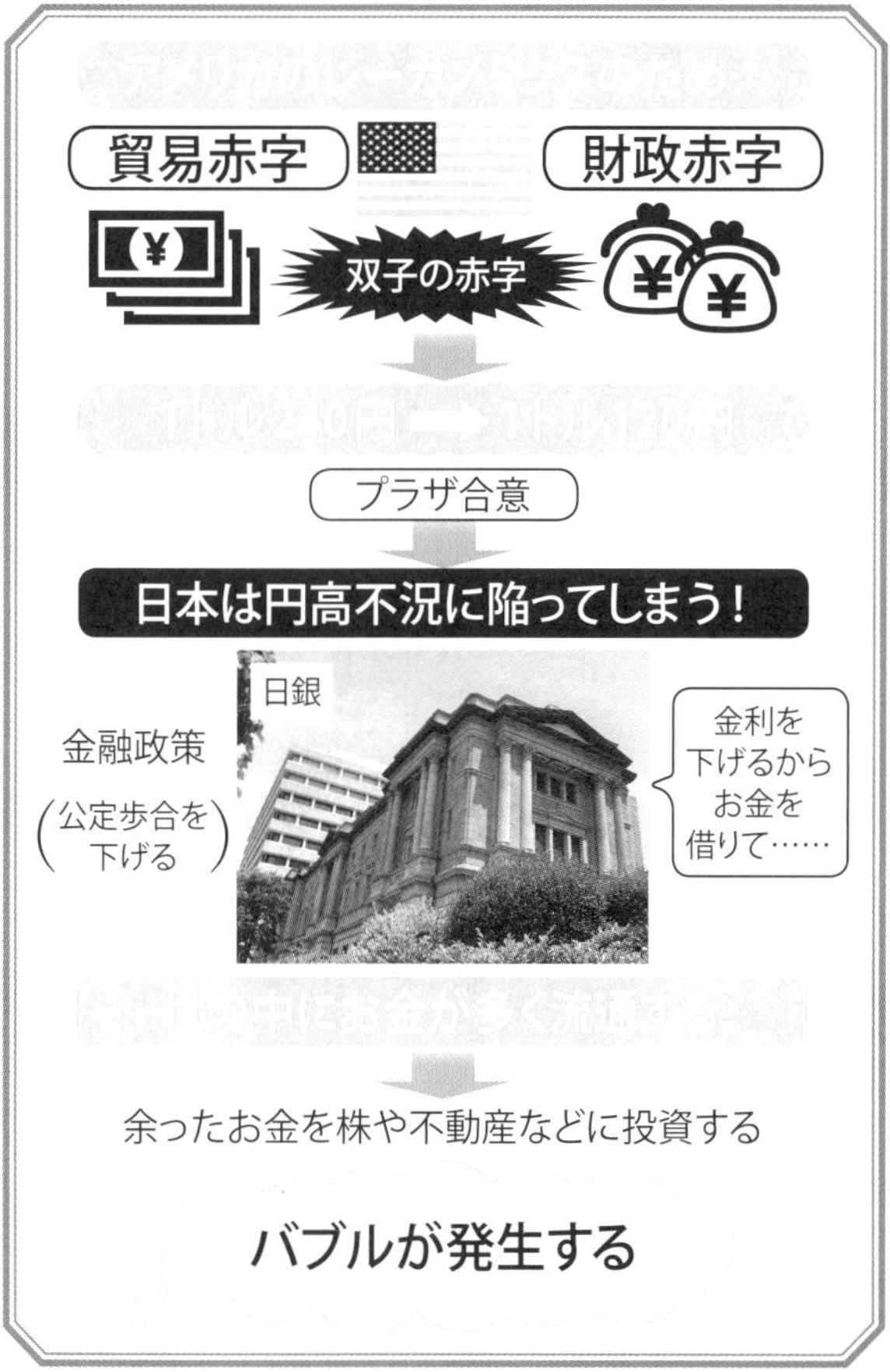
貿易赤字
財政赤字
¥
双子の赤字
¥
¥
プラザ合意
日本は円高不況に陥ってしまう！
金融政策
（公定歩合を下げる）
日銀
金利を下げるからお金を借りて……
余ったお金を株や不動産などに投資する
バブルが発生する

# 7 世界金融危機①「不動産バブル」が崩壊

## ◆「サブプライム問題」とは？

米国では、FRB（米国の中央銀行＝連邦準備制度理事会）の低金利政策によって、2000年代前半に金余りが生じます。金融機関の貸し出し競争が起こり、だぶついた資金が株や住宅投資へと拍車をかけたのです。

そのため、株価や住宅価格が右肩上がりに上昇し始め、値上がり期待はさらなる投資を呼び込みました。

本来なら、クレジットカードやローンの延滞歴のある人、低所得層の人たちは、住宅の購入は無理なはずです。しかし、住宅価格の上昇がそうした人たちにも住宅購入意欲を喚起させ、**信用格付けの低い人向けの「サブプライムローン」の利用者が急激に増えていったのです。**サブプライムローンは当初数年間だけ金利が低く、のちに金利が高まるローンですが、住宅価格が値上がりすれば、そのぶん

## 図解「サブプライム問題」とは？

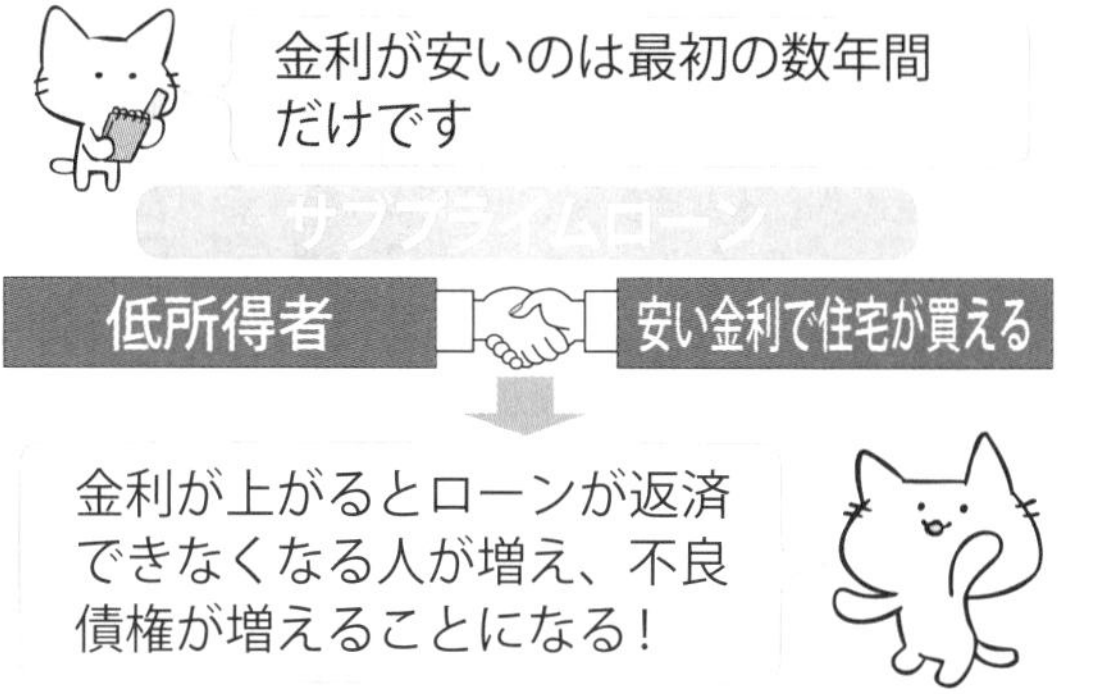
金利が安いのは最初の数年間
だけです
サブプライムローン
低所得者
安い金利で住宅が買える
金利が上がるとローンが返済
できなくなる人が増え、不良
債権が増えることになる！

担保力が増すのでほかの低金利ローンに借り換えられると踏んだからでした。

ところがFRBは、04年後半頃から06年半ばにかけて、**景気の過熱によるインフレを懸念し、小刻みに政策金利を引き上げ始めます**（1％から5・25％へ）。そのため、住宅価格は05年後半から値下がりし、ローンの焦げ付きも目立ち始めたのです。

米国の住宅ローンは、日本の住宅ローンとは異なり、ローンが支払えなくなったら住宅を手放せば、借金はチャラになるしくみです。また、当初10〜15年間は基本的に金利だけ払えばOKなのです。

## 最大の問題「証券化商品」とは？

**サブプライムローンのおかげで、安易に借りる人が増えたのですが、金利の上昇と住宅価格の値下がりで家を手放す人も増え、金融機関は不良債権で倒産するところも出てきます。**そのような状況下、最大の問題となったのが、住宅ローン債権の「証券化商品」だったのです。

　サブプライムローンの貸し手である住宅金融会社や金融機関は貸し倒れによる損失を軽減するため、巨額のローン債権を証券化し、投資銀行や証券会社に売却し、これらの金融機関が高利回りの証券化商品に組み立て、世界中の金融機関に販売していました。

　ところが住宅バブル崩壊によって証券化商品は暴落し、大量に保有する金融機関は経営を悪化させたのです。

**「世界金融危機」はここが怖い！**



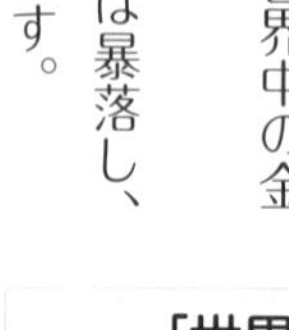

金融危機は、金融機関の信用不安に端を発し、企業の連鎖倒産や株価下落を次々招きます

## 図解 世界金融危機① 「不動産バブル」が崩壊

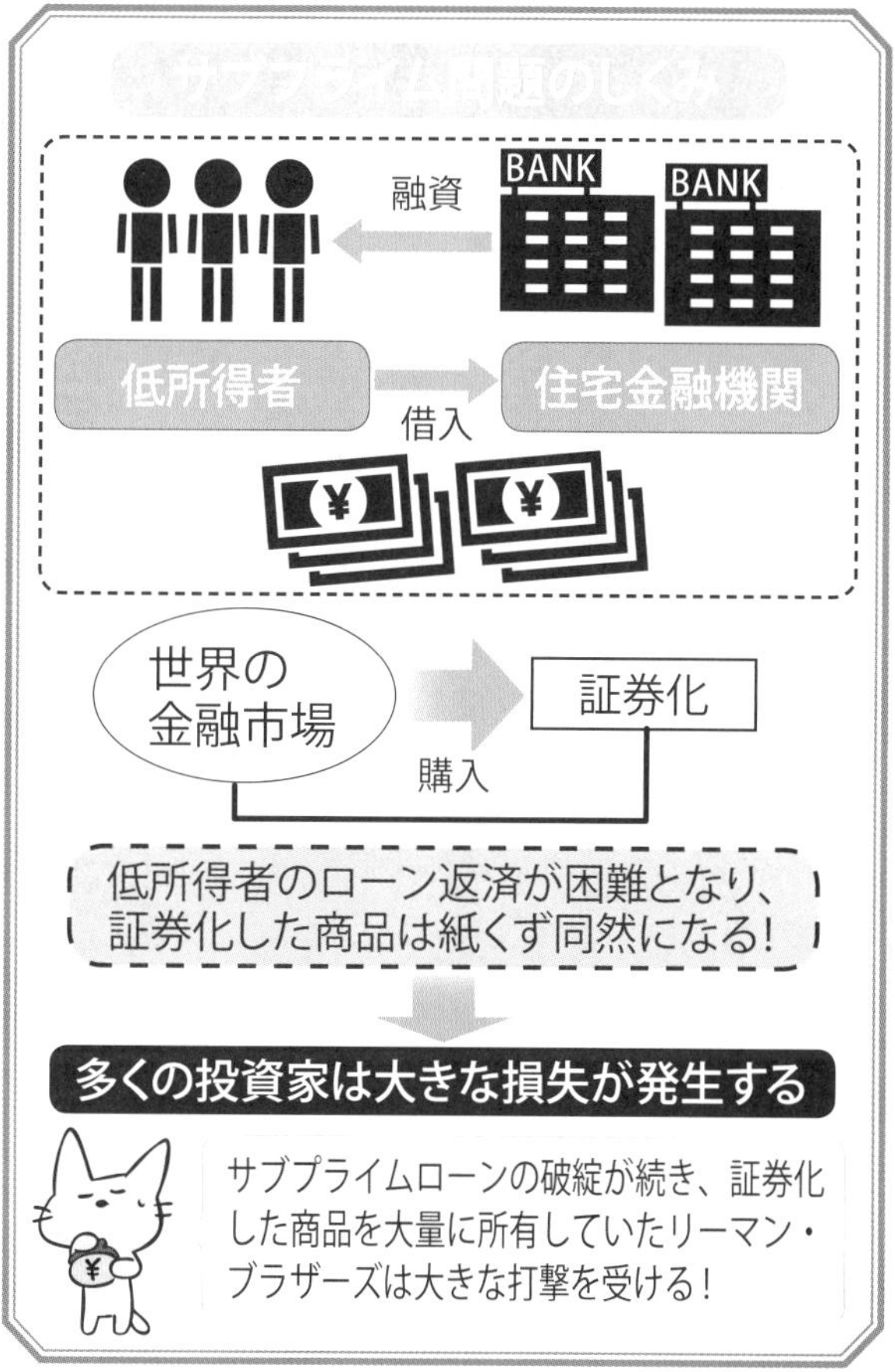
BANK
BANK
融資
低所得者
住宅金融機関
借入
¥
¥
世界の
金融市場
証券化
購入
低所得者のローン返済が困難となり、
証券化した商品は紙くず同然になる！
多くの投資家は大きな損失が発生する
¥
サブプライムローンの破綻が続き、証券化
した商品を大量に所有していたリーマン・
ブラザーズは大きな打撃を受ける！

# 8 世界金融危機② 「巨大投資銀行」の破綻

## 「リーマンショック」とは？

2007年夏に顕在化したサブプライムローン問題は、世界の金融市場を震撼させました。**さまざまな形で組み込まれた証券化商品が、全体としてどれぐらいの損失額に及ぶのかもわからなかったからです。**

世界中で資金が引き上げられ、投資が手控えられるなか、米国政府は大手金融機関や住宅公社への公的資金注入に追われます。株価も暴落し、強欲資本主義の象徴ともいうべき投資銀行への政府支援に、世論の反発も高まっていきます。

08年は投資銀行ベアー・スターンズをJPモルガン・チェースに救済合併させ、住宅金融公社のファニーメイやフレディマックを政府の管理下に置きます。

そんななかで起きたのが、投資銀行リーマン・ブラザーズの08年9月15日の経営破綻でした。**米国政府がリーマン・ブラザーズを救済しなかったのは、世間**

## 図解「リーマンショック」とは？

### リーマン・ショックによる世界の株式市場の下げ幅

| | | | |
|---|---|---|---|
| ロシア | 71.3% | 香港 | 48.4% |
| 中国 | 65.2% | 台湾 | 46.1% |
| インド | 52.1% | フランス | 44.2% |
| イタリア | 50.3% | オーストラリア | 44.1% |
| アルゼンチン | 50.0% | 日本 | 42.1% |
| シンガポール | 48.9% | ブラジル | 42.0% |

※2007年の終値と2008年の終値を比較

リーマン・ブラザーズの破綻は世界各国の株価に大きな打撃を与えました！

**の風当たりだけでなく、CDS（クレジット・デフォルト・スワップ）の保有額が少なかったからといわれます。**

CDSとは「融資保証契約」のことで、事前に保証料を払っておけば、他社への融資金がデフォルト（債務不履行）しても、融資金を補償してもらえるしくみです。しかし、当然ながらデフォルトが連鎖すれば、金融市場も膨大な破綻の連鎖を呼び起こします。

**リーマンショックが世界に与えた衝撃は大きく、米国政府は信用破綻の連鎖による世界恐慌への不安から、以後は大手の金融機関すべてを救済するのです。**

## 投資銀行が抱えている問題点とは？

投資銀行のメリルリンチは、バンク・オブ・アメリカに買収させ、保険大手のＡＩＧは、政府管理下に、投資銀行のゴールドマン・サックスは金融持株会社に移行させ、金融大手のシティグループも救済するなど、経済恐慌の回避に奔走したのです。

投資銀行の問題とは、一般からの預金を集めずに、証券取り扱い業務や企業の合併・買収（Ｍ＆Ａ）業務などを通じて、証券化業務や自己資金の何倍ものレバレッジを利かせた高リスクな取引で高収益を上げようとした点です。

しかし、ＦＲＢからも融資が受けられるよう、傘下に一般銀行を持つ金融持株会社へ移行させられ、投資銀行は消えてなくなりました。

### 「世界大恐慌以来の危機」になった訳

結局、リーマン・ブラザーズを救済しなかったことが、信用不安を拡大させたのでした

## 図解 世界金融危機② 「巨大投資銀行」の破綻

アメリカの
低金利政策
サブプライム
ローンが
拡大する
世の中に
住宅バブルが
発生する
リーマン・ブラザーズ
信用不安
不景気
倒産
リーマン・ブラザーズの債券を購入した多くの
投資家（国）が被害を受け、それが拡大していく
リーマンショックは、安易に
証券化商品を作り、バラ撒い
たことが大元の原因！

ちょっとひと休み 1

# マクロ経済・ミクロ経済 いったいどこが違う？

経済理論は、現実経済を分析するために、抽象的な理論モデルを作り、その考察によって現実経済を理解する学問として発展してきました。

近代経済学の分野ではケインズに始まるマクロ経済理論、新古典派のマーシャルによるミクロ経済理論が大きな潮流になっています。

**マクロ経済理論は、「家計」「企業」「政府」といった三者の経済主体を巨視的にとらえ、ミクロ経済理論は、主に「家計」や「企業」の二者を主な対象としています。**

まず、マクロ経済では、三者の経済主体の活動を、「物価」や「所得」、「失業」、「国際収支」、「経済成長」といった大きなモノサシでとらえることから、政府や中央銀行による介入などの議論につながりやすくなっ

## 経済ひとくちメモ

ています。

そして物価を安定させ、所得の極端な偏りをなくし、経済の持続的成長を図って失業率を下げるなど、国民生活安定のための金融政策や財政政策を重視しています。

いっぽう、ミクロ経済では、個人の消費活動や企業の生産活動に焦点を絞ります。品不足による価格上昇や、供給過剰による値崩れが起きないかなど、社会的資源がうまく分配されているかどうかに主眼が置かれているのです。

今日では、**マクロ経済もミクロ経済も、いずれもが相互補完的な関係で、経済主体の活動を分析し、経済メカニズムを解明する手段として重要な役割を担っています。**

# 頭を磨くコラム④

## ピケティが説いた「格差が広がる」理由

フランスの経済学者トマ・ピケティが、過去300年の各国の歴史データを分析し、2013年『21世紀の資本』のなかで、資本主義の根本的矛盾を表す不等式「r＞g」を発表しました。

「r＝g」ならば、資本収益率（r）も国民所得の成長率（g）も同じなので国民所得に占める労働所得の分配率も一定になります。しかし、ピケティは長期データから、「r＝g」とならず、「r＞g」になるから、格差が大きくなり不平等が広がると警鐘を鳴らしたのです。

理想的な資本主義のためには資本の透明性のもと、資本に対する累進課税の必要性を説きました。

**ピケティが唱えた格差社会のカラクリ**

r（資本収益率） ＞ g（経済成長率）

（投資による収益）　（労働による収益）

↓

rが大きくなるほど格差が広がる

第5章

# 「カリスマ経済学者」がよくわかる！「経済理論」のツボ

# 1 マルクスの『資本論』って、どんな本？

## ◆「マルクス経済学」の基本

**カール・マルクスは、1818年プロイセン王国（現在のドイツ）に生まれた哲学者であり、経済学者です。**

**ライフワークとして結実させた『資本論』で、資本主義の本質や矛盾を明らかにし、労働運動や共産主義などの革命思想の基盤を築きました。**

イギリスでは、18世紀後半に産業革命が起こり、19世紀にはヨーロッパに広がります。これによって、生産活動の中心が「農業」から「工業」に移ります。

しかし、この工業化によって資本を所有する者は豊かになる一方、工場で働くだけの労働者は、ギリギリの生活を強いられ、次第に格差が広がっていきます。

『資本論』でマルクスが暴いた資本主義の大きな矛盾は、労働者が自分の労働力（商品）しか売る物がなく、いつまでたっても裕福になれないのは、賃金分以

## 図解「マルクスの経済学」とは?

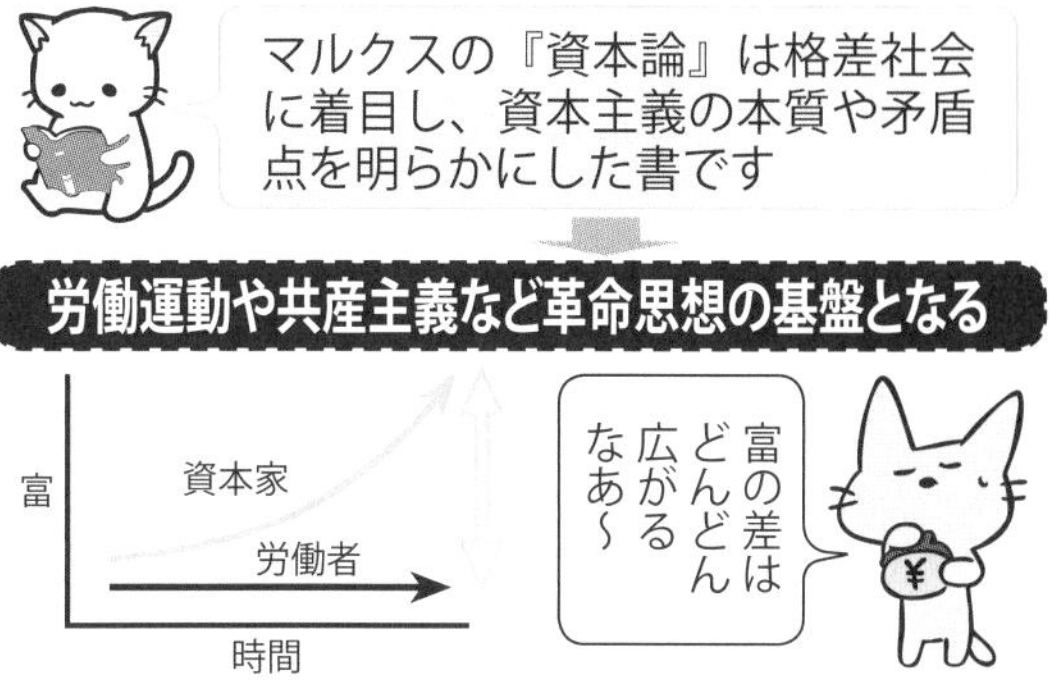


上に余計に働かされ、そのぶんを資本家に「搾取《さくしゅ》」されているからだと喝破《かっぱ》したことでした。

**この搾取された部分を「剰余《じょうよ》価値」と呼び、「労働力という商品だけが、余計に価値を生み出す特殊性があることで資本主義は成り立っている」と資本主義の本質を突きました。**

また、マルクスは、「剰余価値」には2種類あるとしています。労働者を単純に長時間働かせて得る「絶対的剰余価値」と、生産性を上げることで市場の商品を安くし、労働者の賃金も安くてすむようになる「相対的剰余価値」を資本家は求めると指摘しています。さらに、資本家は「剰余価値」を最大化していくことで富の蓄積を図るのです。

工場を大規模化すると、労働者の協力意識もしくは競争意識を高められますが、反面では労働者は徒党を組み、資本家に反旗を翻すようになるとも述べています。

## 富の公平・平等――マルクスの「理想的な社会」

最後にたどり着くのが「独占資本」であり、労働者はほかで働くところがなくなるために「独占資本」に逆らえなくなるというのです。資本家はますます豊かになり、労働者はますます貧困に喘ぎ、資本主義はついに限界点にいたるというのがマルクスの見立てです。マルクスはこれを「弔《とむら》いの鐘が鳴る」と表現しました。**マルクスが考えた理想的社会とは、富を公平・平等に分配する社会**でした。

### 「マルクスの影響力」はなぜすごい？

マルクスの思想は、ロシア革命や中国共産党の成立につながったものの、独裁政権を生みました

## 図解 マルクスの『資本論』って、どんな本？

カール・マルクス

（1818年〜1883年）

ドイツの経済学者・哲学者。社会主義および労働運動において大きな影響を与えた。

資本家　　労働者

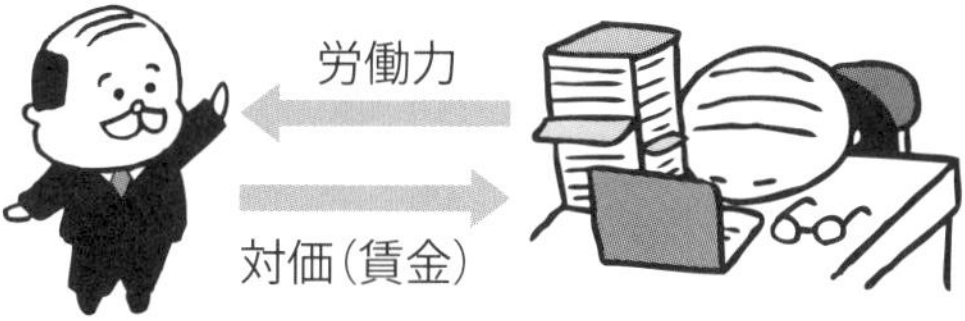


労働力 ＝ 対価（賃金） ＋ 剰余価値

**資本家は剰余価値を搾取し続けている！**

剰余価値

| 絶対的剰余価値 | 相対的剰余価値 |
| --- | --- |
| 〔労働者を長時間働かせて得る利益〕 | 〔労働者の賃金を安く抑えて得る利益〕 |

# 2 アダム・スミスの『国富論』って何?

## ◆「神の見えざる手」とは?

**イギリスの哲学者であり、経済学者としても名高いアダム・スミスは、1776年に『国富論』を著します。**この年、米国では独立宣言が発表されますが、イギリスでは「産業革命」の勃興期です。

イギリスは、それまで重商主義国家でした。

重商主義では、商工業を重視し、競争力のある商品は積極的に輸出し、弱い国内産業は高い輸入関税を課して徹底的に保護します。貨幣や金銀などの貴金属の価値を重視し、富の蓄積を図るというものです。

植民地での権益を巡って他国と覇を競い、国内にあっては、貴族などの特権階級のみが潤う不平等な社会構造だったのです。

しかし、産業革命はこうした封建社会からの脱皮を促し、近代資本主義へと

## 図解「神の見えざる手」とは？

100円で買いたい
200円で買いたい
100円なら売らない
200円なら売る！
買い手
売り手

**互いの利益が保たれる価格で落ち着く**

「価格の自動調整メカニズム」によって最適な価格で落ち着く＝神の見えざる手

連なる工業生産の革命的発展を見せます。そして、旧来の特権階級に代わるブルジョアジー（資本家階級）を台頭させたのです。

こうしたなか、アダム・スミスは、国を豊かにするには、国の統制を排除し、個人の自由な活動に任せることこそが、市場メカニズムを均衡させ、結果的に経済発展をもたらすと喝破しました。

つまり、人々の利己心に基づく貪欲な行動こそが、全体の利益になると見通したのです。

『国富論』のなかで、アダム・スミスは、**市場の価格調整メカニズムを「神の見えざる手が働く」と表現しました。政府は**

**市場に介入してはならず、市場の自由に任せることで市場メカニズムが自律的に働き、バランスよく経済は発展する**と説きました。

## 不況を克服できない自由主義経済

つまり、需要と供給が釣り合うところの「均衡点」が適正価格を形作るということなのです。

これは、供給が需要を決定するといった古典派経済学者たちの自由主義経済のベースとなる考え方でもありました。しかし、1929年の米国の株価大暴落に端を発する世界恐慌の際には、市場の自由に任せるだけでは、不況を克服できないことが明らかとなります。

**不況で失業者があふれ返っているのを放っておけば、ますます困窮が深まるのは当然だからです。**

**価格は需要と供給の関係で決まる!**

アダム・スミスの学説は資本主義社会の発展をもたらし、「古典派経済学の父」と呼ばれます

## 図解 アダム・スミスの『国富論』って何？

アダム・スミス

（1723年～1790年）

イギリスの経済学者・哲学者。自由な経済活動が国家の経済を発展させると提唱。「古典派経済学の父」と呼ばれる。

〔売り手が多い
買い手が少ない〕

↓

価格は下がる

〔売り手が少ない
買い手が多い〕

↓

価格が上がる

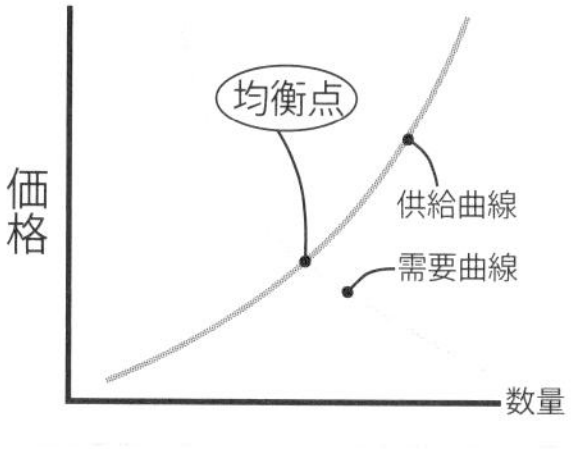


〔価格は
需要と
供給の
バランスに
よって決定〕

アダム・スミスは、需要と供給が釣り合う「均衡点」が適正価格を形成するという考え方を広めました

# 3 今も人気のケインズ、どこがすごい？

## ◆「小さな政府・大きな政府」とは？

1929年10月24日の木曜日、米国の金融の中心地であるニューヨーク・ウォール街で株価の大暴落が起こり、のちにこの日は「暗黒の木曜日」と呼ばれます。この大暴落によって世界恐慌が引き起こされます。

当時の米国のフーバー大統領は、この恐慌に際しても古典派経済学の教えにしたがい、「放っておいても、しばらくすれば景気は回復する」として、政府の介入を最小限に抑える政策を採ったために、恐慌をより深刻化させていきます。

**そこに1936年、ジョン・メイナード・ケインズが『雇用・利子および貨幣の一般理論』を著し、従来の古典派経済学が主に供給面からとらえられていたことに対して、人々が実際に欲しいと思う「有効需要」の創出こそが不況克服に必要と説き、恐慌に手を焼くルーズベルト大統領（33年に就任）に政策的指針**

## 図解「ケインズの経済学」とは？

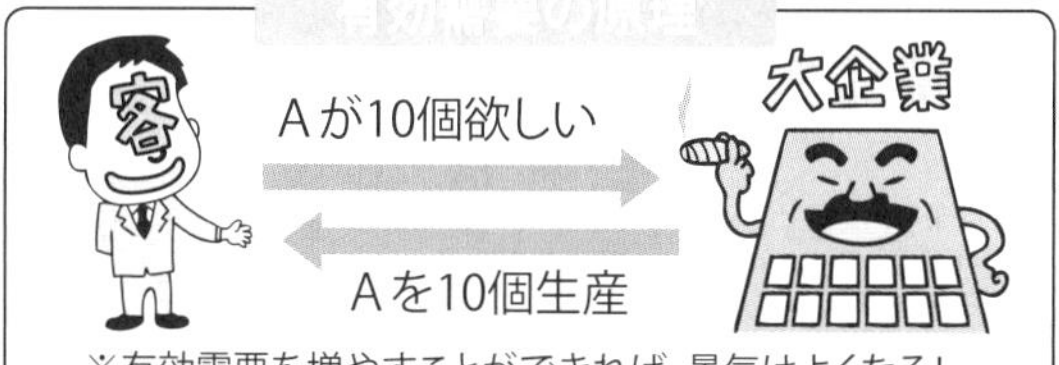

※有効需要を増やすことができれば、景気はよくなる！

ケインズは失業解消には需要を拡大させ、需要が拡大すれば供給が増え、雇用が増えると考えた！

**を与えることとなります。**

この書でケインズは、大不況下では金融政策は効果的でなく、消費を直接的に増やす財政政策が最も効果があると主張しています。

つまり、不況になって賃金カットされたり、失業すると、欲しいモノも買えなくなるので、雇用による所得増で有効需要を導き出すという考え方なのです。

そして、有効需要は市場メカニズムに任せた場合は不足することがあるため、投資の増加が所得の増加をもたらすという乗数理論から、減税や公共投資などの政策により、有効需要は回復させられると説きました。

## 小さな政府から大きな政府への転換期

ケインズの有名な言葉に「**景気が悪いときには、政府が借金をして失業者を雇い、地面に穴を掘らせればよい。それでも効果がなければ、また別の失業者を雇い、穴を埋めて、戻させればよい**」というものがあります。

つまり、不況を克服するには、市場の自由に任せておいては駄目で、政府が積極的に介入して公共事業を行うべきとしたのです。

こうした主張は、これまでの自由放任主義的な「小さな政府」から、「大きな政府」へと転換する理論的支柱となりました。今日では、ケインズ的政策と古典派経済学の流れを融合した経済政策へと結実しています。

**「大きな政府」政府は市場に介入すべき!**



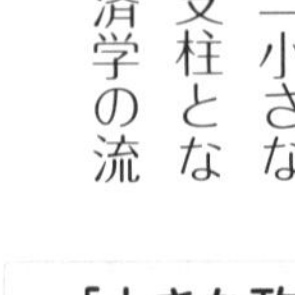

**ケインズの登場によって、資本主義経済に与えた大きな影響を「ケインズ革命」と呼びます**

## 図解　今も人気のケインズ、どこがすごい？

ジョン・メイナード・ケインズ

（1883年〜1946年）

イギリスの経済学者。失業の原因に関する経済理論を確立。完全雇用政策に基づく経済不況の救済策も提唱。

「小さな政府」から「大きな政府」への転換

| ＜小さな政府＞ | ＜大きな政府＞ |
| --- | --- |
| 経済活動は国家から最低限しか介入されない | 経済活動は国家から積極的に介入される |
| ○＝民間の活力を引き出せる | ×＝民間の活力が失われる |
| ×＝格差が生まれてしまう | ○＝格差を是正することができる |

**不況時は市場を放任せず、介入する必要がある！**

アダム・スミスが提唱した「神の見えざる手」の弱点を指摘したのがケインズの考え方でした！

## 4 教養としての「新古典派経済学」とは？

### ◆「外部経済・外部不経済」って何？

**イギリスの経済学者アルフレッド・マーシャルは、経済学に「外部性」という言葉を採り入れました。事業の当事者以外の人々にまで、何らかの影響を及ぼすことを「外部性」という概念で括《くく》ったのです。**

経済社会では、事業者同士（経済主体）が、市場において取引しますが、通常ではこうした取引は、当事者同士以外の人たちには何らの影響を及ぼさないものです。しかし、ある事業者がある地域に食品工場を作ることで、地域の食料品が安く提供されるようになり、地域に雇用が生まれると、事業者以外のその地域の人たちにもメリットが生じます。そして操業が拡大して、賃金が増えると地域での消費が増えたり、税収が上がる効果もあるでしょう。

**こうしたプラスの効果をもたらすものを「外部経済」と呼んだのです。**

## 図解「外部性理論」とは？

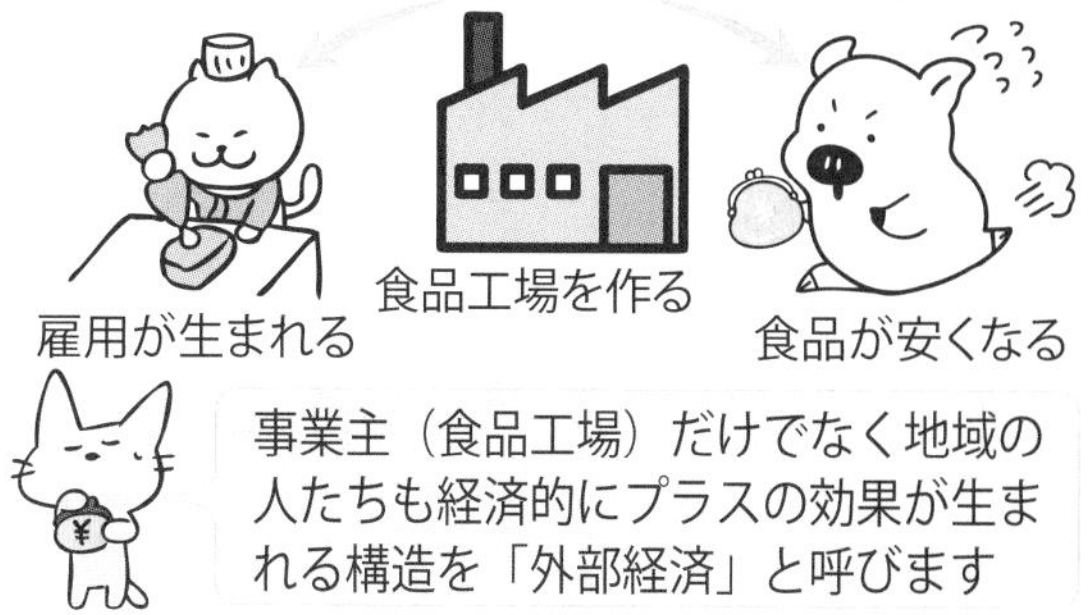
食品工場を作る
雇用が生まれる
食品が安くなる
事業主（食品工場）だけでなく地域の人たちも経済的にプラスの効果が生まれる構造を「外部経済」と呼びます

いっぽうで、その事業者がその食品工場を撤収してしまうと、雇用が奪われ、消費も減少してしまいます。こちらは「外部不経済」と呼びました。

養蜂家が地域の果樹園のおかげで利益を受ける現象が有名ですが、逆にとある地域に産業廃棄物の処理場を作ったことで、悪臭や騒音、廃液といった公害に、地域の人々が迷惑するといった場合は、「技術的な外部不経済」を生んでいます。

市場での経済主体に、自由な行動をとらせていると、このような副次的影響が発生することがままあるのです。こうした「外部性」に対処する場合には処方箋が2つあります。

## 新型コロナウイルスは「外部不経済」

**「外部経済」には、その事業者に補助金を与えるか、税金を安くすることで、事業の継続を奨励するのが望ましいと考えられています。**

**逆に「外部不経済」には、その事業者の活動を抑制させる代わりに補助金を支給するか、課税を強化して抑制させるのが望ましい対処法です。**

新型コロナウイルスの感染が拡大している状態も「外部不経済」といえます。感染拡大を防ぐために、営業時間の短縮に応じた飲食店に対して自治体から協力金が支払われました。事業者の活動抑制のために補助金が支給された典型例といえるでしょう。

### 養蜂家と果樹園の「経済的関係」とは?

果樹園のおかげで養蜂家が恩恵を受けるといったように、経済活動は連鎖しています！

## 図解 教養としての「新古典派経済学」とは？

アルフレッド・マーシャル

（1842年～1924年）

イギリスの経済学者。新古典派経済学を代表する研究者。需要供給曲線を使った新しい経済理論の確立は有名。

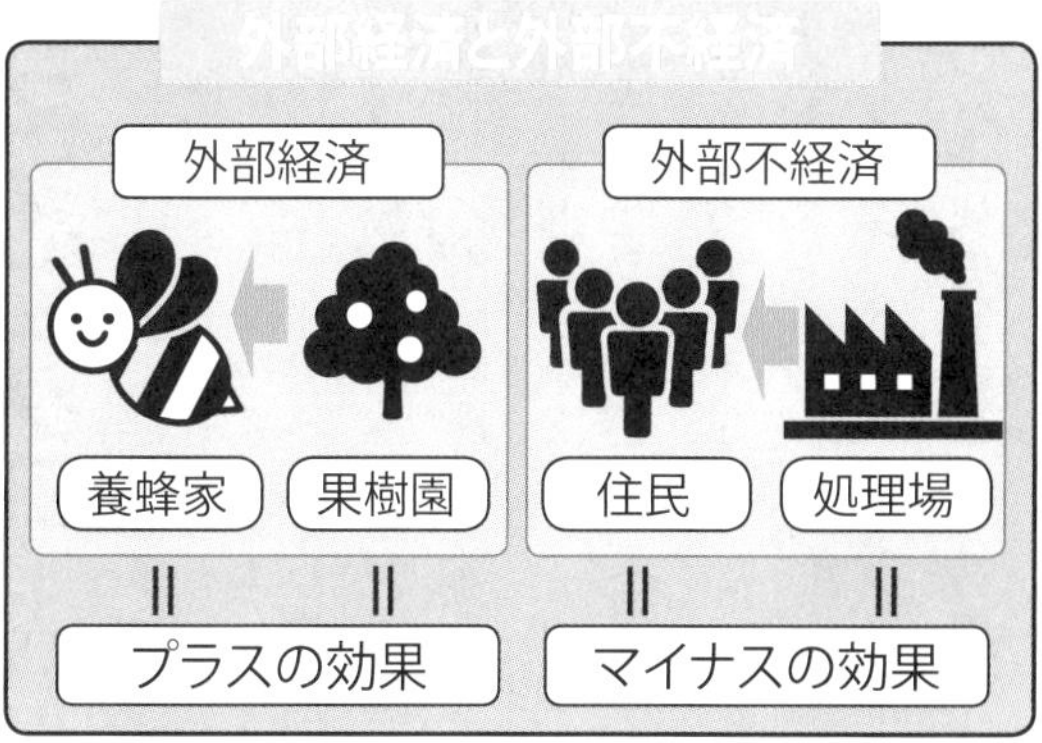


**外部経済への処方箋**

［事業者に補助金を支給し、事業を推奨。税金を安くする］

**外部不経済への処方箋**

［活動を抑制させ、補助金を支給。抑制できなければ課税］

# 5 フリードマンと「グローバル化」の関係

## ◇「市場原理主義」って何？

ミルトン・フリードマンは、1912年生まれの米国の経済学者です。ケインズ経済学からの転向者で、貨幣数量の監視を重視するマネタリストであり、ケインズの総需要管理政策を批判する市場原理主義者です。76年のノーベル経済学賞受賞の際、過去にチリの独裁政権に助言したことから反対運動も起きています。

1940年代から70年代までは、多くの先進国でケインズ学派（総需要管理政策）の「大きな政府」の政策が採られてきました。

しかし、70年代に2度も起きた石油ショックによって、石油価格が急騰し、先進国の多くがスタグフレーション（不況下のインフレ）に陥ります。

この**スタグフレーションへの処方箋として、政府による市場介入よりも、市場メカニズムを重視すべきという古典派経済学の流れを汲んだ考え方が、米国やイ**

## 図解「市場原理主義」とは？

| ケインズ | VS | フリードマン |
| --- | --- | --- |
| 総需要管理政策 | | 市場原理主義 |
| 政府が経済市場に介入して財政政策を行う | | 政府が市場に介入せず自由に経済活動を行う |
| ↓ | | ↓ |
| 大きな政府 | | 小さな政府 |

フリードマンは需要と供給バランスから生まれる市場メカニズムを重視すべきだと主張！

**ギリスを中心に再び台頭してきます。**

フリードマンは、「不況」と「インフレ」が同時に起こるスタグフレーションに対し、インフレ要素に着目し、貨幣供給量の役割を明らかにします。ケインズは、主に不況時の失業対策として、積極的な市場介入（裁量的な財政政策や金融政策）を行いますが、政府の政策にはタイムラグが生じて、危機回復後にインフレが過熱しやすいと批判したのです。

ケインズ政策は結果的にスタグフレーションを招くとも主張しました。こうした理論の功績で、ノーベル経済学賞を受けたのです。

## 「新自由主義」のメリット・デメリット

**フリードマンが唱えた「市場原理主義」とは、古典派経済学に属する自由放任主義です。**

市場の自由を尊重すれば、生産も価格もすべてうまくいくという考えがベースです。政府の市場介入や規制を最小限にして、「小さな政府」を目指すため、福利厚生、教育などの分野は自己責任として軽んじられます。

この考え方が、米国のレーガン大統領（任期81年1月～89年1月）やイギリスのサッチャー首相（任期79年5月～90年11月）の政策に盛り込まれ、**「新自由主義」という旗の下グローバリズムが進行しました。**その結果、格差が広がり貧困が増え、コロナ禍にあっては、医療や給付支援など「大きな政府」が求められるようになったのです。

**「小さな政府」政府は市場介入しない！**

市場原理主義は日本でも中曽根、橋本、小泉政権が採り入れ、格差社会を広げたと言われます

## 図解 フリードマンと「グローバル化」の関係

ミルトン・フリードマン

（1912年～2006年）

米国の経済学者。市場原理主義を主張し、ケインズの経済理論を批判。1976年にはノーベル経済学賞を受賞。

なるべく高く売りたい

なるべく安く買いたい

売り手　　買い手

**売り手と買い手の間で価格は調整されていく**

↓

**自由な競争環境が生まれ経済活動は活発になる**

●メリット

企業同士が競争し品質が向上する

●デメリット

競争の結果、少数の企業しか残らない

強い企業だけが生き残る結果となり、貧富の格差をさらに大きなものにしてしまいました！

## 6 アメリカを強くした「レーガノミクス」

◆「アベノミクス」の基本

映画俳優からカリフォルニア州知事を経て、アメリカ経済の再生を訴え、**米国大統領に就任したロナルド・レーガン（任期81年1月〜89年1月）は「レーガノミクス」と呼ばれる市場メカニズム重視の新自由主義的な経済政策を行いました。**

日本の安倍政権の「アベノミクス（大胆な金融政策・機動的な財政政策・民間投資を喚起する成長戦略の3本柱）」はこの真似ともいえるものです。目立ったのは日銀による「大胆な金融政策」だけで、円安が進んで輸出大企業を儲けさせましたが、中小企業の経営改善は進みませんでした。

少子化対策が一番の成長戦略のはずが放置され、デフレ下で賃金も増えないなかで消費税率を上げ、購買力を低下させました。その結果、格差が拡大する一方で、将来不安を払拭するまでにはいたりませんでした。

## 図解「レーガンの経済政策」とは？

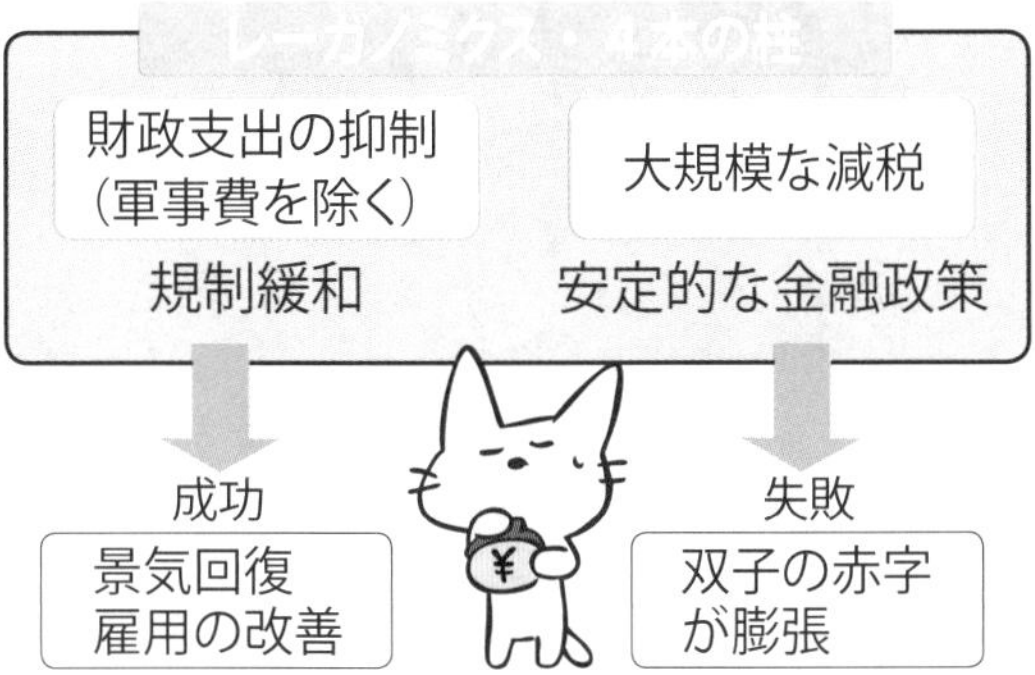


本家の**「レーガノミクス」は、「軍事費を除く財政支出の抑制」「大規模な減税」「規制緩和」「安定的な金融政策」の4本柱でした。**

確かにこの政策によって、景気回復と雇用の改善には役立ちましたが、双子の赤字（財政赤字と貿易赤字）を膨張させることになります。ただし、米ソ軍拡競争で、ソ連の財政を疲弊させ、ソ連崩壊（91年12月）を招き、冷戦終結に導いたことは評価されています。

レーガノミクスで特徴的なのが、「トリクルダウン」という考え方です。

富裕層や大企業を富ませれば、投資や

消費などの経済活動が盛んになり、やがてより広い層（低所得層）にまで、富がしたたり落ちるという理屈でした。日本の安倍政権もこれにあやかったといわれます。

## 「富裕層の富」が「貧困層」を救済する？

レーガン大統領は、富裕層向けに大幅な減税を行い、財政赤字を拡大させました。

その結果、失業率が改善し、所得の下支え効果もあったとされますが、本当のところは諸説あり、**トリクルダウン効果は今日、多くの識者が懐疑的にとらえています。**

市場原理主義者の間で、「トリクルダウン効果」が信奉されたのは、たとえ所得格差が広がっても自由競争と国際貿易の推進で、低所得層も含んだ全体の所得が上がるとされたからでした。

### レーガノミクス・アベノミクスの違い

レーガノミクスは物価抑制、アベノミクスは物価上昇を目指した点が大きな違いです

## 図解 アメリカを強くした「レーガノミクス」

### ロナルド・レーガン

（1911年～2004年）

米国の政治家。第40代大統領。経済の回復を目標にレーガノミクスと呼ばれる政策を実施したので有名。

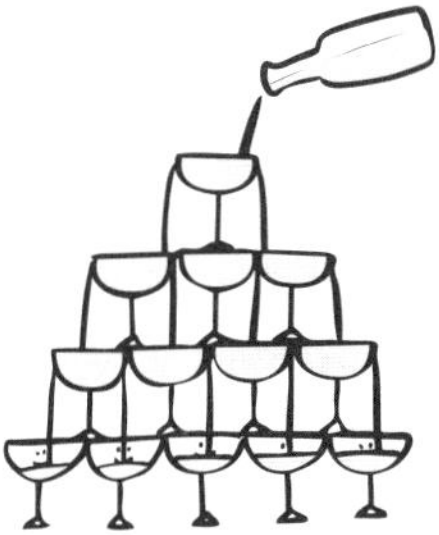

富裕層がさらに富裕になる

↓

経済活動が活発になる

↓

富裕層の利益が再分配される

中間層が多い先進国では貧困層まで富が分配されず、富裕層だけに富が集まり、さらに格差が広がることになる！

### レーガノミクスの影響を受けたアベノミクス

［一部の企業だけが恩恵を受ける結果で終わる］

# 7 経済現象「幸福のパラドクス」って何？

## ◆「お金と幸せ」の関係

収入の増加がある時点を超えると、自由に消費ができて、旅行も楽しめるなどの「生活満足度」はいくらか上昇しても、「幸福感」は上がらないといわれています。

このことを最初に提唱したのは、1974年の米国の経済学者リチャード・イースタリンの研究でした。

**「幸福のパラドクス（逆説）」と呼ばれるこの現象を、ひとり当たりGDPの成長率と、各国国民の「幸福」の度合いでとらえ、明らかにしたのです。**

「生活満足度」においても、イースタリンは別々の国や時系列での比較で、所得の向上と「生活満足度」の向上には、相関関係があまり見られないことも指摘しました。

たとえば、現在のタイの平均年収は1万2000ドル程度ですが、米国の平

## 図解「お金と幸せの関係」とは？

年収
幸福度
お金があれば幸福になれるとは限らない！
リチャード・イースタリンが初めて提唱

幸福のパラドクス（逆説）の現象をGDPの成長率と国民の幸福度との関係で証明しました！

均年収は7万ドルほどもあるのに、「生活満足度」においては、タイも米国もさほど変わらない状況になっているのです。

これは、「生活満足度」が周囲との相対的尺度で測られるからです。

1960年代の日本人と、2022年の日本人の「生活満足度」がほぼ変わらないのも、これと同じ理由です。

また、**所得が上がっても、「生活満足度」がさほど向上しないのは、経済学の「限界効用逓減《ていげん》の法則」も影響しているでしょう。**1杯目のビールはおいしくても、2、3杯目のビールになるとおいしさの効用も逓減する（だんだん減る）からです。

## 年収と幸福度の「微妙な関係」

年収と幸福に関する研究で有名なのは、プリンストン大学のダニエル・カーネマン教授や、同じ大学のアンガス・ディートン教授の研究です。「年収と幸福度」における結論は、イースタリンと同じく**「年収が7万5千ドルまでは、幸福度も年収に比例して増加するが、それを超えると比例しなくなる」**というものでした。

こうした説には異論も出ています。

2013年に米国ミシガン大学のベッツィー・スティーブンソン准教授とジャスティン・ウォルファーズ教授が発表した論文によれば、「幸福感はお金で買える。しかもお金が多いほど多くの幸福感が手に入る」というもので、「幸福のパラドクス」を否定したのです。

### 「お金で幸福を買えるとは限らない」訳

幸福が続くと、人は幸福感を感じなくなります。幸福の定義は古来からの課題なのです

## 図解 経済現象「幸福のパラドクス」って何？

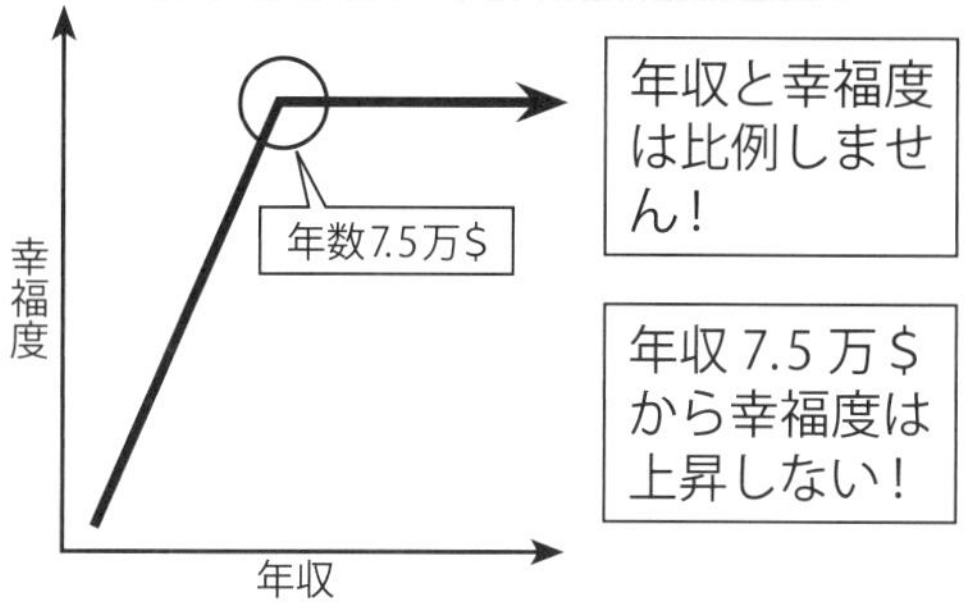

イースタリンの幸福のパラドクス「年収≠幸福度」の関係は、今から約50年前に発表された学説です

1位 フィンランド
2位 デンマーク
3位 アイスランド
4位 スイス
5位 オランダ
⋮
54位 日本

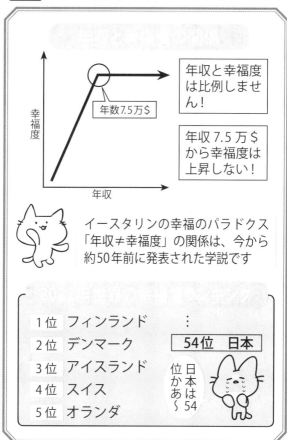

## 8 今、話題の「現代貨幣理論」って何？

### ◆「日本が財政破綻しない」理由

**2019年に、米国で突如注目された理論が「MMT（Modern Monetary Theory）」**です。このMMTは「現代貨幣理論」と訳されますが、提唱者のひとりが、ニューヨーク州立大学のステファニー・ケルトン教授です。

「自国の通貨を持つ国は、自国通貨建てで、いくら国債を発行しても、債務不履行（デフォルト）にはならない」という理論なのです。

いくら借金しようと、いざとなれば自ら新たにお金を刷って返せばよいだけなので、返済不能にもならず、財政破綻もしないというのです。

その実例として、GDPの2倍を超える借金を抱える日本まで引き合いに出し、「国の借金が膨張しているのに、金利も上がらず、財政破綻しない日本が、MMTの正しさを証明している」とケルトン教授は主張します。

## 図解「ケルトンの経済学」とは？

**MMTを実施できる国の条件**

- 自国通貨で借金できる
- 過度なインフレにならない環境にある

このMMTは、2020年に大統領選に出馬して敗れた民主党急進左派のバーニー・サンダース上院議員や全米最年少で下院に当選した労働者階級出身のアレクサンドリア・オカシオ＝コルテス議員など、民主党左派や若者たちの熱狂的な支持を集めました。

**地球温暖化対策や国民皆保険制度の巨額の財源を確保するのに、このMMTの理論を実践すればよいと考えたからです。**

しかし、主流派経済学者は皆一様に「ハイパーインフレのリスクを軽視している」と批判しています。

先進国が低成長で、民間による投資が

見込めないときには、政府が積極的な財政出動で補うべきというのがMMTの考え方です。

## 「現代貨幣理論」は「経済理論」ではない？

しかし、名だたる経済学者たちは、「MMTは経済理論などではない」と否定的なのが現状です。国債の増発を続けていれば、いつか金利が上がり（国債価格の下落）、通貨の信認を失えば輸入物価の上昇でハイパーインフレになりかねないというのが、その理由です。

**ケルトン教授は、「インフレの兆しがあれば、財政出動をやめるだけでよく、インフレを過度に恐れるな」と反論しています。しかし、世界銀行のレポート「許容できない債務」によれば、「国債は海外の民間投資家保有率が20%を超えると価格急落の懸念が高まる」としています。**

### 国はいくら借金をしても破綻しない？

**日本の政治家のなかにも、MMTに飛びつき、財政支出を拡大させたい人が増えています**

## 図解 今、話題の「現代貨幣理論」って何？

ステファニー・ケルトン

（1969年〜）

米国の経済学者。国債を発行することにより経済はよくなるというMMT（現代貨幣理論）の主唱者。

現代貨幣理論 ⇔ 国債の発行を容認

↓

**自国通貨を増やすことは国民の生活を豊かにする**

最大のメリット

雇用の拡大

最大のデメリット

**インフレ**

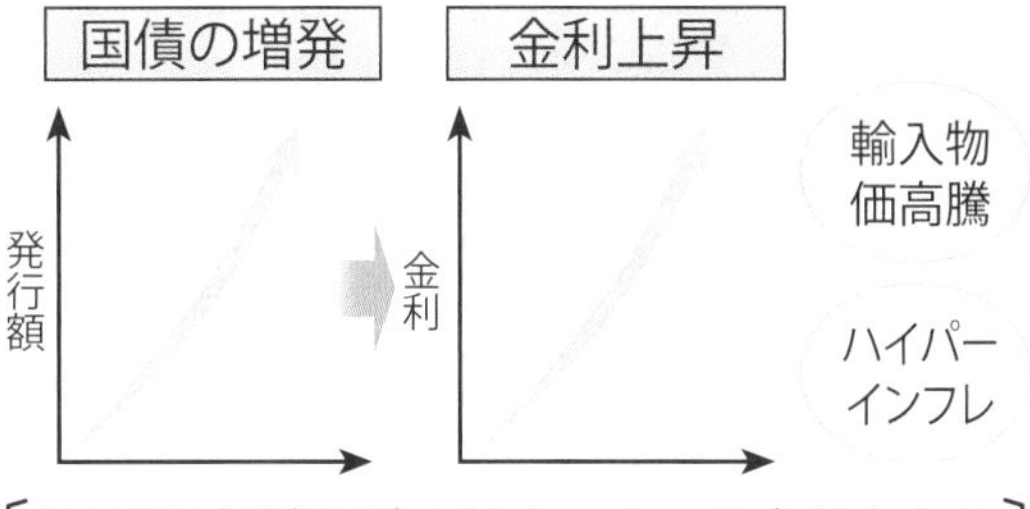


［MMTは経済理論ではないという意見もある］

ちょっとひと休み ②

# お金が増えるしくみ「信用創造」って何？

2022年1月時点の通貨の発行残高は、125兆円です。しかし、日銀が世の中に供給しているお金（マネタリーベース）は、同時点で662兆円となっています。マネタリーベースとは、「日銀券発行残高（120兆円）」と「貨幣流通高（5兆円）」と「日銀当座預金残高（537兆円）」の合計額（662兆円）です。実際に発行された通貨が125兆円なのに、なぜこの段階で662兆円になるのでしょうか。

さらに金融機関から世の中に供給されるお金の総量（マネーストック）は、金融商品のそれぞれの違いから、「M1（999兆円）」、「M2（1181兆円）」、「M3（1534兆円）」、「広義流動性（2016兆円）」に分かれます。**このようにお金の総額が膨らむメカニズムを「信用創造」といいます。**

## 経済ひとくちメモ

基本的なしくみを銀行にたとえて説明しましょう。

世の中では、甲さんがA銀行に500万円預け、A銀行が300万円を乙さんに貸出し、乙さんが丙さんに商品代金100万円を支払い、B銀行に200万円を預け、B銀行が丙さんに150万円を貸出し、丙さんが150万円をC銀行に預けるといったことが繰り返されていきます。

ここで、**銀行に預けられた預金残高だけを見ていくと、最初に甲さんがA銀行に預けた500万円、乙さんがB銀行に預けた200万円、丙さんがC銀行に預けた150万円となって累計額は増えます。**A銀行の最初の預金額500万円が650万円になっています。

これが「信用創造」のしくみです。

信用創造のしくみ

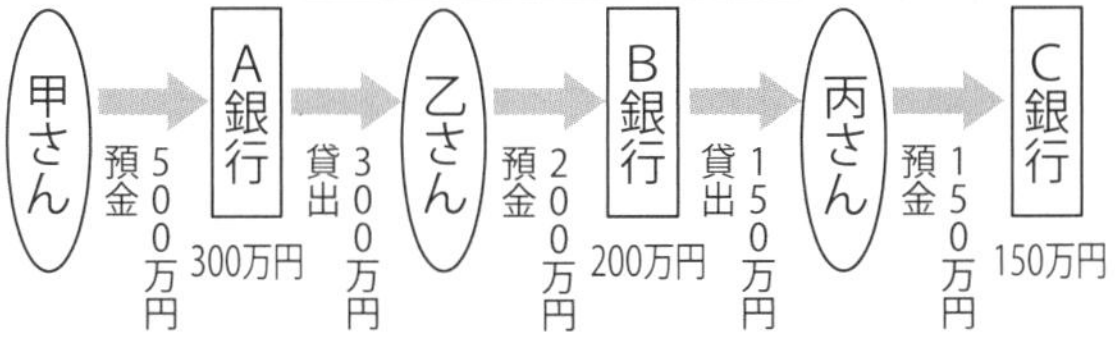

# 頭を磨くコラム⑤

## バブル崩壊の影響——ロスジェネ世代とは?

「ロスジェネ」とはロストジェネレーションの略で「失われた世代」です。1990年のバブル崩壊後の不況が続く時代に社会に出た世代ゆえ（1970～84年頃出生）、「就職氷河期」に遭遇します。そしてこの世代が2023年に53歳（70年出生）から39歳（84年出生）を迎えます。

特徴的なのは、高いスキルを持ちながらも希望の就職先に就けず、不本意ながら非正規雇用を強いられる人たちが多いことです。非正規雇用は賃金が低く有期雇用ゆえに不安定です。そのため、貯蓄志向が高くとも、老後資金も貯められず、年金受給額も低いことが懸念されます。

ロスジェネ世代  1970年前半～1980年前半生まれ

バブル崩壊の影響により就職氷河期にみまわれ、非正規雇用の人たちが多い世代！

第6章

# 「儲けのカラクリ」がよくわかる!「経済効果」のしくみ

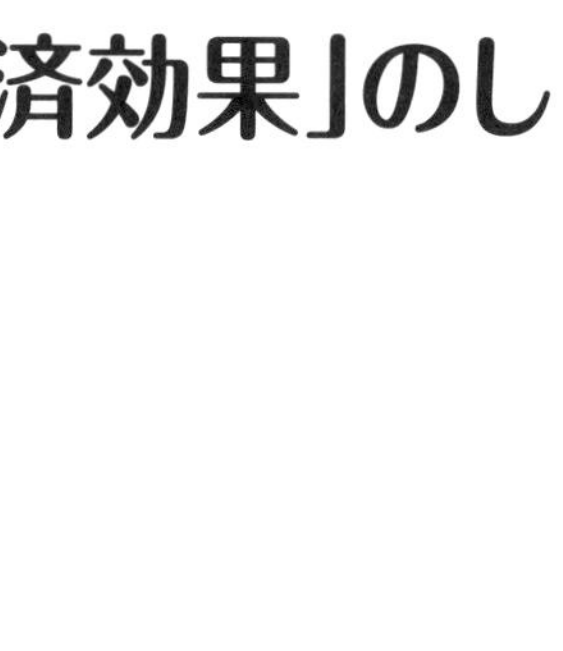

# 1 「希少価値」正月の福袋が大売れする訳

## ◆「アンカリング効果」とは？

年初の初売りセールで人気があるのが「福袋」です。

百貨店や専門店での福袋セールの光景はニュースでも報じられます。

福袋に多くの人が群がるのはなぜでしょうか。それは、「福袋の中身が、福袋本体の価格より高く、高額品が詰められていて、おトクだから」という理由付けがあるからです。

これが、**心理学や行動経済学でいう「アンカリング効果」です。**

福袋の表示価格より、大幅に高い価格の品が入っているという思い込みが、錨（アンカー）を下ろした船のように係留されるからにほかなりません。たとえば、5千円の福袋には、1万5000円以上、もしくは2万〜3万円ぐらいの商品が入っているという思い込みです。

## 図解「アンカリング効果」とは？

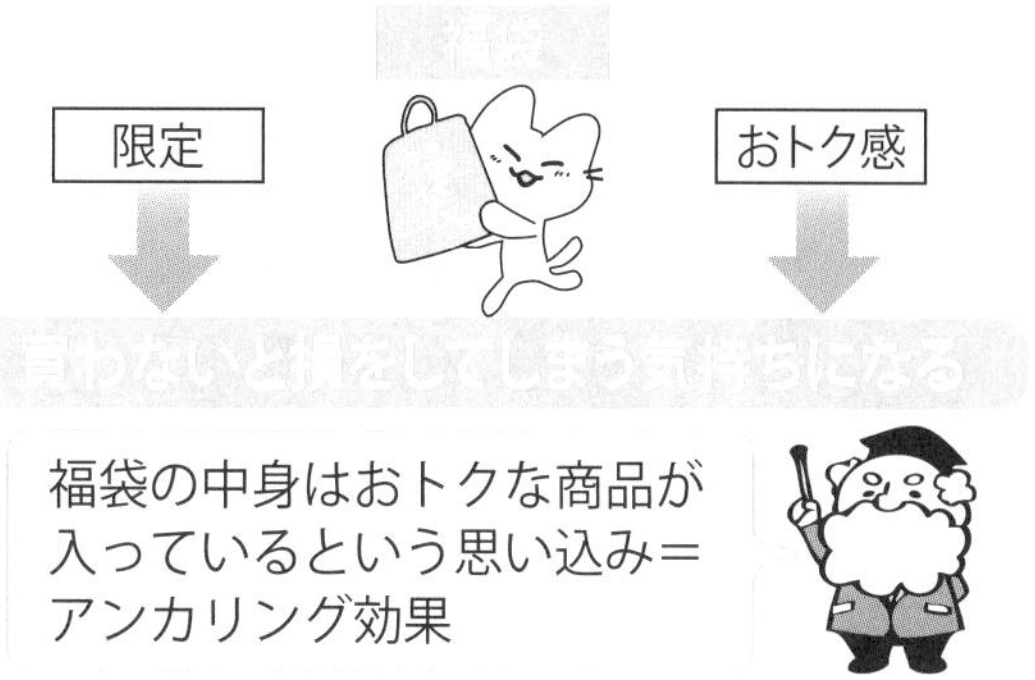
限定
おトク感
福袋の中身はおトクな商品が入っているという思い込み＝アンカリング効果

そして、福袋の数量には限りがあるという「限定・希少価値効果」の心理も働いて、行列をしてまで、買い急ぐ光景を生んでいるわけです。

しかし、福袋は、本当におトクかといえば、非常に怪しいものもあります。

本当におトクなら、中身を秘密にする必要がないからです。そのせいで、欲しくもない品まで買わされる矛盾が生じている可能性もあります。

**近年では、中身を見せて売る「福袋」もあるようですが、これではただのバーゲンセールで、「福袋」本来が持つギャンブル的な射幸心《しゃこうしん》まで奪ってしまっている**

**のではないでしょうか。**

### 福袋の前身「恵比寿袋」とは？

福袋は、江戸時代にまでさかのぼる歴史があります。

日本橋にあった呉服商の越後屋（現在の三越）が、年末に裁ち余りの生地を袋に詰めて、「恵比寿袋」として売り出し大人気となったのが始まりとされます。

もともとは、余りモノに値段をつけて売っていたのです。実は、現代の「福袋」も同類です。

そもそも**福袋の中身は、販売側にすれば、在庫処分品が多いからです。廃棄するにもお金がかかるのですから、福袋に詰めて安売りしたほうがメリットがあるのです。**

本当に売れる人気商品なら、中身が見えない状態にする必要がないのです。

## 「限定」という言葉に反応する購買心理

**路面店で行列を作ると、通りがかった人への「広告・宣伝効果」も期待できます**

## 図解 「希少価値」正月の福袋が大売れする訳

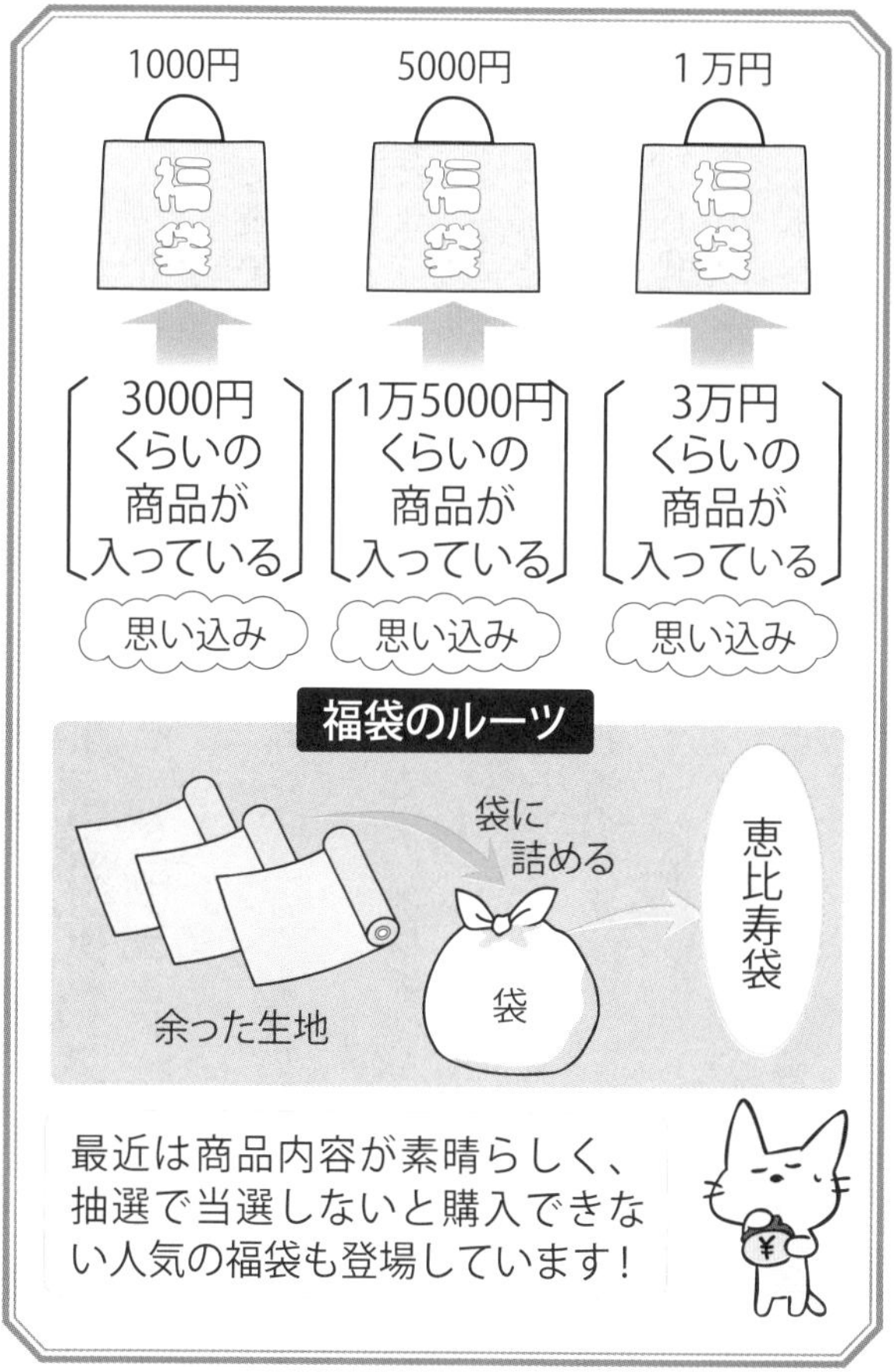
1000円
5000円
1万円
福袋
福袋
福袋
3000円くらいの商品が入っている
1万5000円くらいの商品が入っている
3万円くらいの商品が入っている
思い込み
思い込み
思い込み
福袋のルーツ
袋に詰める
恵比寿袋
袋
余った生地
最近は商品内容が素晴らしく、抽選で当選しないと購入できない人気の福袋も登場しています！

# 2 「ブランディング」高額品が売れる理由

## ◆「ブランド効果」とは?

近年は、女性だけでなく男性にも人気の化粧品ですが、意外に知られていないのは、原価が激安ということです。

にもかかわらず、一般的な化粧品は、けっして安い価格ではありません。それどころか、高価な化粧品ほど人気も高く売れています。化粧品は医薬品と異なり、「効能・効果」を謳うことが禁じられているのに、**高価な化粧品ほど「美肌効果」が高いと消費者に認知され、売れているのです。**

では、実際に原価はどれほどのものなのでしょうか。

スキンケア用の基礎化粧品は、中身の大半が実は「水と油」です。水と油を混ぜ合わせるための合成界面活性剤が入り、色素と香料、防腐剤に、ヒアルロン酸などの特殊成分をちょっぴり入れます。それで原価は、化粧水が1~2円、乳

## 図解「ブランド効果」とは？

### 主な化粧品の原価

化粧水
1～2円

クリーム
10～30円

乳液
2～3円

口紅
5～10円

ファンデーション
15～20円

外装パッケージなどで高級感をかもしだしたり、メディアでのイメージ戦略も重要な要素です！

液が2～3円、クリームが10～30円程度。メイクアップ化粧品では、口紅が5～10円、ファンデーションが15～20円程度です。特殊成分のヒアルロン酸は、1cc50円程度で6ℓもの保水効果があり、0・1ccを加えてもたったの5円です。

実は、**化粧品は原材料よりも、容器代や外装パッケージ代のほうが高いのです。お洒落な容器に高級感のある外装パッケージが数十円以上するからです。**それが数千円や数万円で売れるとなると、ブランドの力といえるでしょう。粗利の高さに注目して、業界に参入する企業もたくさんあります。業界は化粧品メーカー、といってもファブレス化（工場をもたずに外部専門メーカーに発注）が進み、ＯＥＭ（発注元のブランド名義で製造）が増えています。**一定の販路さえ確保できれば参入自体は難しくありません。**

## 上位5社で「80％のシェア」を占める

**しかし、いくら粗利益率が高いといっても、ブランド力のある・なしで売上げに大差がつくため、広告費を贅沢に投入できる大手企業が有利です。**

市場規模は2兆円を超え、ブランドが浸透している資生堂、花王、コーセー、ポーラ・オルビス、ＤＨＣの大手5社で8割強のシェアです。

残り半分の市場を中小、零細の数百社が競い合っている構図です。

### 100円ショップでも見かける化粧品

化粧品は現在「全成分表示」です。肌が敏感な人は、購入前にネットで成分を調べましょう

## 図解 「ブランディング」高額品が売れる理由

化粧品業界

資生堂　花王　コーセー　ポーラ・オルビス　DHC

**大手5社で約40%のシェアを占める**

多数の中小、零細企業が残りのシェア20%の中で互いに競い合っているのが現状です！

原材料が安い

容器や外装費が高い

粗利益率が非常に高い

その代わり 広告費 人件費 がかかる

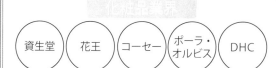

# 3 「大損失」を出しやすい人の特徴とは？

## ◆「サンクコスト効果」とは？

第2章の「プロスペクト理論」のところでも解説しましたが、「人は目先の利益を追い、損失の回避を図りたい」というのが本性です。したがって、「サンクコスト（埋没費用）」の呪縛に容易にはまります。サンクコストとは、これまでに費やした金や時間や労力です。

**損失を確定したくないために「損切り」ができなくなるのです。**

**「今やめると、これまでの努力が水の泡ですよ。もったいないじゃないですか」などといわれると、「それもそうだな……。やっぱり続けるか……」と翻意してしまうのです。**

かつて英仏共同開発の超音速旅客機コンコルドがその開発中、就航させても騒音がひどくて燃費が悪く、運航コストに見合わないと判明したのに、これまでの

# 図解「サンクコスト効果」とは？

開発コストを惜しみ、開発を中止できなかったことは有名です。

　結局、就航させたものの、墜落事故まで起こしたあげくに退役を余儀なくされました。この事例にちなみ、**「サンクコスト効果」は「コンコルド効果」とも呼ばれます。**

　こうした現象は、あらゆる場面で見られます。企業では赤字事業をやめられなかったり、1等当選確率が1000万分の1しかなくても何十年も宝くじ購入をやめられない人がいたりします。何年も受からないのに、志望大学にこだわって浪人を続ける人がいるのと同様です。

## 東芝の経営が悪化した「本当の原因」は？

日本を代表する名門企業、東芝の凋落もサンクコスト効果の呪縛によるものだったといえるかもしれません。

米国を代表する総合電機メーカーで、原発メーカーでもあったウェスチングハウス（WH）を、東芝は原子力事業の成長を期待して高値で買収します。

しかし、子会社となったWHには巨額損失が発生、経営破綻してしまうのです。その後、東芝は不正会計の発覚などもあり、虎の子の半導体事業の売却に追い込まれて経営が悪化します。

**いったん事業がスタートすると、途中でさまざまな障がいや、不都合な事態が生じてもやめられないのは、橋やダム、道路などの土木建設計画でもおなじみの光景です。**

**損を回避する気持ちがさらに損を生む**

「この水準までが限界」とあらかじめ決めておけば、「損切り」の時期も明確になります

## 図解 「大損失」を出しやすい人の特徴とは？

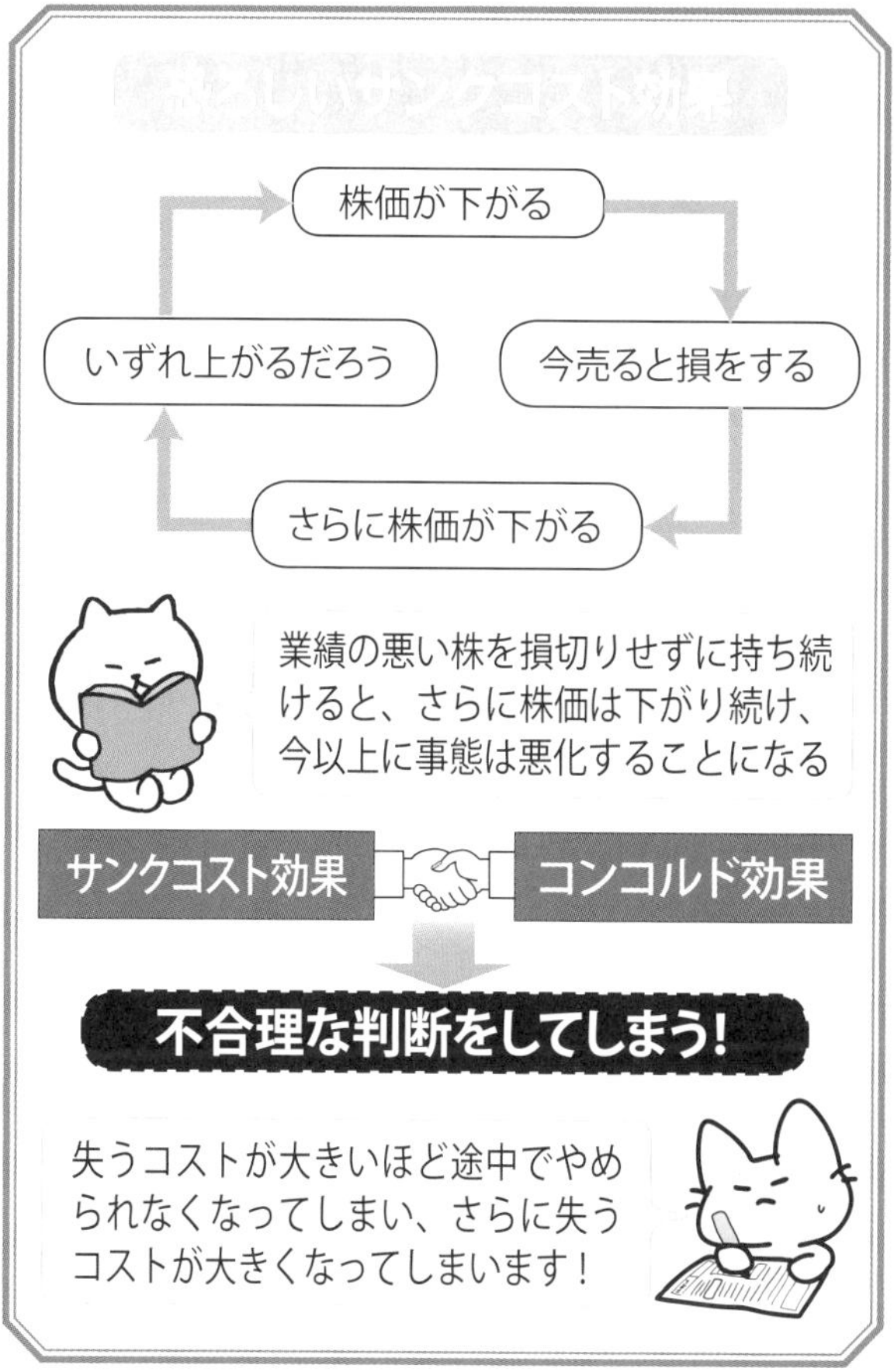
株価が下がる
今売ると損をする
さらに株価が下がる
いずれ上がるだろう
業績の悪い株を損切りせずに持ち続けると、さらに株価は下がり続け、今以上に事態は悪化することになる
サンクコスト効果
コンコルド効果
不合理な判断をしてしまう!
失うコストが大きいほど途中でやめられなくなってしまい、さらに失うコストが大きくなってしまいます！

## 4 「割引サービス」を多用する企業の狙い

### ◆「顧客の囲い込み」の基本

世の中には、「学割」や「シニア割引」といった限定した年齢層向けのおトクなサービスがいろいろあります。入り口のハードルを下げて顧客獲得を狙う意図はわかりますが、それなら、顧客全員にサービスすればよいのにと思う人もいるでしょう。しかし、それでは特定の年齢層に響く「限定・希少価値効果」が薄れ、ふつうの安売りサービスと大差がなくなります。

実は、こうした**特定年齢層向けの割引は、スマホやクレジットカードといった他社への乗り換え手続きが面倒なものほど、「囲い込み効果」が高いといわれています。**そこで企業は「割引サービス」を提供して、顧客の「現状維持バイアス」からの脱却を狙っているのです。

「現状維持バイアス」は、「現状を変えたくない」と思う保守的心理です。

## 図解「現状維持バイアス」とは？

現状維持バイアス

未知なるものを受け入れない

物事の変化を受け入れない

**損失や失敗を回避したい心理**

メリットとデメリットを考えた場合、デメリットを回避しようとする心理が働く傾向があります！

**行動経済学で、人の性向が「目先の利益を追い、損失の回避を図る」という「プロスペクト理論（損失回避の法則）」はよく知られています。**

現状を変えようとすれば、手続きが面倒だったり、他社のサービスを比較するのも煩わしかったりという「損失回避」の心理が働くからです。

また、転職を考える際、新しい会社になじめるかどうか不安がよぎったり、結婚を考える際に、この人とうまくいくだろうかなどと懸念すると、転職も結婚もできなくなります。

今まで慣れ親しんだ環境が長ければ長

いほど、その状況を一気に喪失するのが、もったいないようにも思えるからです。

## 顧客が「変化を受け入れる」瞬間

みずほ銀行は25歳以下の学生を対象にいろいろなサービスを提供しています。たとえば、卒業までの間、みずほ銀行、イオン銀行、コンビニATM手数料が時間外含めて無料になるというサービスや、みずほ銀行の本支店間の振込手数料が無料、26歳以降にもゴールドカードなのに年会費がわずか5000円（初年度無料）のカードに移行できるといったサービスもあります。

**「現状維持バイアス」にとらわれると、そこからの脱却はなかなか簡単ではありません。**「割引サービス」を具体的に検討して、損得を比較することが大事です。

## 「他社から顧客を奪う」という企業戦略

人口減少社会では、「顧客の囲い込み」が何よりも重要な戦略になってきます

## 図解 「割引サービス」を多用する企業の狙い

〔慣れ親しんだ環境 長い〕

↓

現状を変えられない

〔慣れ親しんだ環境 短い〕

↓

現状を変えられる

**現状維持バイアスからの脱却**

↓

リスクを恐れてはいけない

人間には未知のものや変化を受け入れず、現状維持を選択してしまう心理が働く傾向があります

# 5 「生命保険」で知らないとマズいこと

## ◆「保険料」の常識・非常識

**家計支出において、住宅ローン返済に次いで大きいのが生命保険料の支払いです。**公益財団法人「生命保険文化センター」が3年ごとに行う「全国実態調査（2021年度）」によれば、生命保険（個人年金保険含む）の世帯加入率は、89・8％で、世帯年間払込額は37・1万円（月間3万916円）です。

医療保険加入率にいたっては93・6％もあります。数十万、数百万といった高額の医療費がかかっても、上限を設けて負担を抑えてくれる健保組合の「高額療養費制度」があるのに、保険に過剰に頼っているのが現状です。

日本人は昔から保険好きのようです。

世帯年間払込額がピークの1997年には67・6万円（月間5万6333円）で、今の2倍近く払っていました。

## 図解「生命保険のしくみ」とは？

**生命保険**

世帯加入率
89.8％

年間
世帯払込額
37.1万円

（2021年度）

**同じ保険商品**

日本の
生命保険料

欧米の
生命保険料

日本のほうが2～3倍高い

日本の生命保険料は、欧米の同内容の商品と比べると高額といえます。

日本の大手の生保商品では、30歳男性の死亡保険3千万円、期間10年で特約ナシの商品では、月額保険料が7千円程度（年間8万4千円）になります。

このうち、万一の場合に実際の補償に回る「純保険料」が、たったの35％程度しかないのです。残りの65％程度が「付加保険料」という粗利で、保険会社の利益と運用のためのコストに消えるのです。

保険料が半額程度のネット生保でも、「純保険料」はせいぜい77％程度、付加保険料が23％程度です。保険会社が保険代理店に支払う手数料も非常に高くなっています。

## 都道府県民共済の保険はコスパがよい

契約した保険料の40%～50%の手数料が2年間支払われ（2年後から減少）、なかには100%の高額手数料の商品まであるのです。

高額手数料の保険商品を薦めるのは、銀行も同じです。2年ごとに「よい新商品が出ました」と乗り換えをすすめることが珍しくありません。

民間の生命保険とは補償内容が異なりますが、万一の備えには営利を目的としない、都道府県民共済がコスパも最高です。「純保険料」に相当する部分は96%もあります。家計支出で大きな割合を占めている保険ですので、賢く選びましょう。

### 日本の生命保険は欧米に比べ割高!?

日本の保険会社の保険料の収益の多くが利益とコストが占めるため、欧米に比べて割高なのです！

# 図解 「生命保険」で知らないとマズいこと

## 純保険料と付加保険料との割合

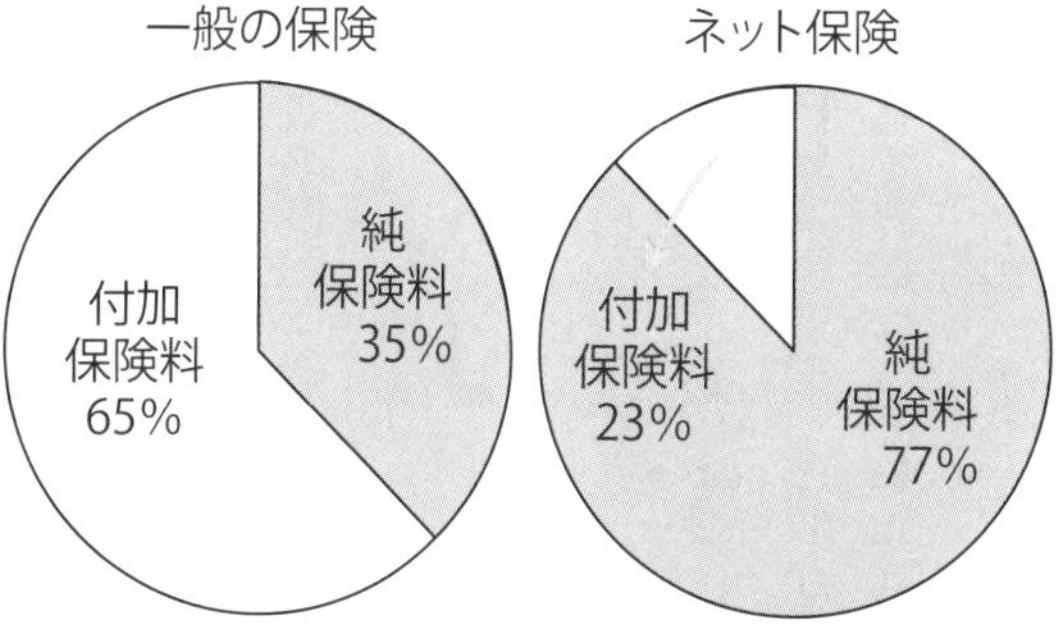


**純保険料**　保険契約者に対して保険金として支払う費用

**付加保険料**　保険会社が事業を運営するために充てる費用

年間払込額のピークは1997年度で、その平均額は67.6万円と現在の約2倍！

保険会社の商品の多くは保険会社が儲かるしくみです。特に利益を生み出すのが「終身保険」です！

## 6 年収が高い人の「税金対策」とは？

### ◆「所得税」の常識・非常識

サラリーマンで年収1000万円といえば、世の中では憧れの存在です。日本人の平均年収443万円（男545万円・女302万円）の2倍以上の年収で、非正規雇用の平均年収198万円（男267万円・女162万円）の約5倍だからです。しかし、年収1000万円の手取りは730万円程度（月額61万円弱）にすぎません。年収から税金（所得税・前年分の住民税）や社会保険料（厚生年金・健康保険・雇用保険・40歳から介護保険）が引かれるためです。

そのうえ**所得税は累進構造で、年収が増えれば税率が上がり、住民税や社会保険料もアップするしくみになっています。**

ゆえに年収が2000万円でも手取りはたったの1300万円程度、年収1億円でも手取りは4900万円程度と半分以下になるのです。ただし、年収

## 図解「累進課税制度」とは？

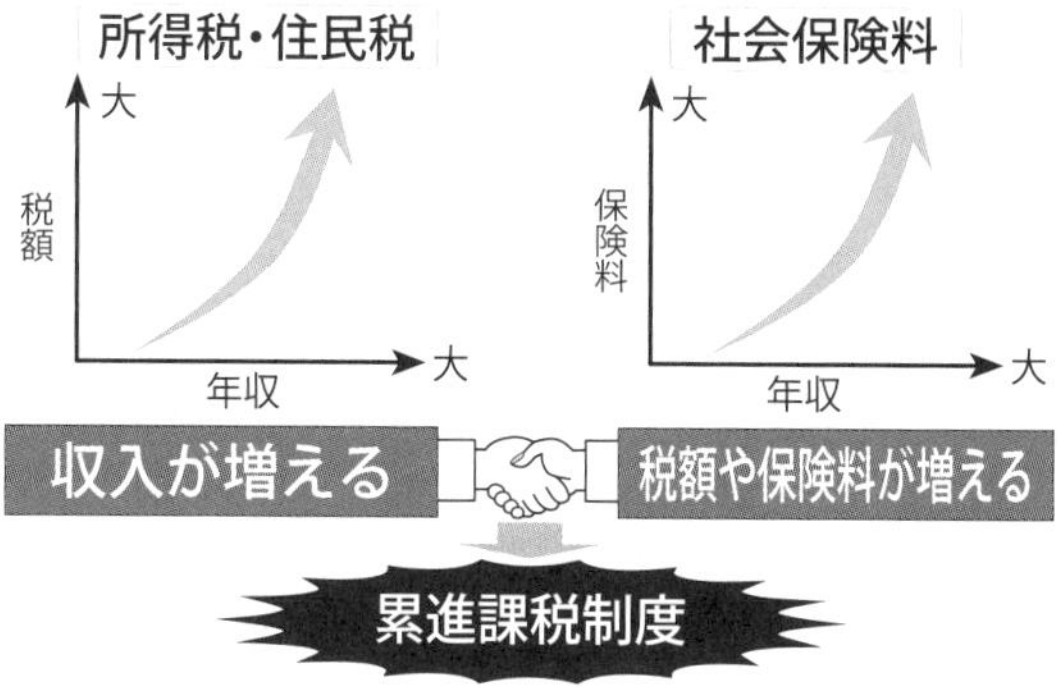


1000万円以上の人は、給与所得者の5％（約260万人）しかいません。

　高年収のサラリーマンほど、医者や経営者などの高額所得者と同様に、不動産や株式投資をしていることが多いのです。

　**不動産投資にはほかの所得との「損益通算」が使えます。**

　**株式の配当や譲渡益は所得税及び復興特別所得税と住民税を合わせても一律20・315％と低く、株式売買の損益も株式同士であれば「損益通算」ができます。**

「損益通算」とは、Aの事業が黒字でもBの事業が赤字なら、両方を通算して所得を減らせるしくみです（青色申告で赤字なら、3年まで繰り越し可能)。所得は10種類に分類されますが、**不動産所得、事業所得、譲渡所得、山林所得の4つは、赤字ならほかの所得の黒字と相殺できます。**

## 減価償却が可能な不動産投資

賃貸不動産を購入すると家賃収入が発生しますが、初年度は登録免許税、不動産取得税などが、通年の租税公課（固定資産税・都市計画税）に加わります。不動産経営ではいろいろ経費がかかります。リフォーム費用や建物部分の借入金利子も経費です。そして建物部分は経年劣化します。

木造は22年、鉄筋コンクリートは47年の法定耐用年数で償却していくと、家賃収入より大きな赤字額になりやすいのです。すると**給与所得で納めた所得税と損益通算され、確定申告すれば税率が低くなり、税金が戻ってきます。**

**損益通算で赤字だと税金を減らせる**

**所得税は累進構造。年収が上がるほど税負担や社会保険の負担も増えるため工夫が必要です**

## 図解　年収が高い人の「税金対策」とは？

不動産投資　　株式投資

＝

［所得税や住民税が安くなる可能性があります］

**損益通算**

A事業は黒字

B事業は赤字

通算して赤字だと所得が減らせます

不動産所得・事業所得・譲渡所得・山林所得が赤字のケースでは、ほかの所得が黒字でも、通算して赤字に相殺できます！

## 7 「100円ショップ」安くても儲かる訳

### 「マージンミックス戦略」とは？

金券ショップや100円ショップは、どうやって儲けを出しているのかと不思議に思う人も少なくないでしょう。

まず、**金券ショップは古物商《こぶつしょう》です。古物商とは、中古品や新品を売買・交換する業者のことです。**盗品や偽造品が換金目的で持ち込まれやすいので、公安委員会から許可を得た後に、所轄署での法令講習を受けることになっています。

古物商のなかでも、金券ショップは最も粗利益率の低い業態になります。額面の94％で買い取った金券を97～98％で売るといった、たった3～4％の差益しか見込めない商売だからです。しかし、一日の売上げが150万円あれば、3％の粗利で4～5万円になります。一日4～5万円でも、月に25日稼働すれば

## 図解「儲けのカラクリ」とは？

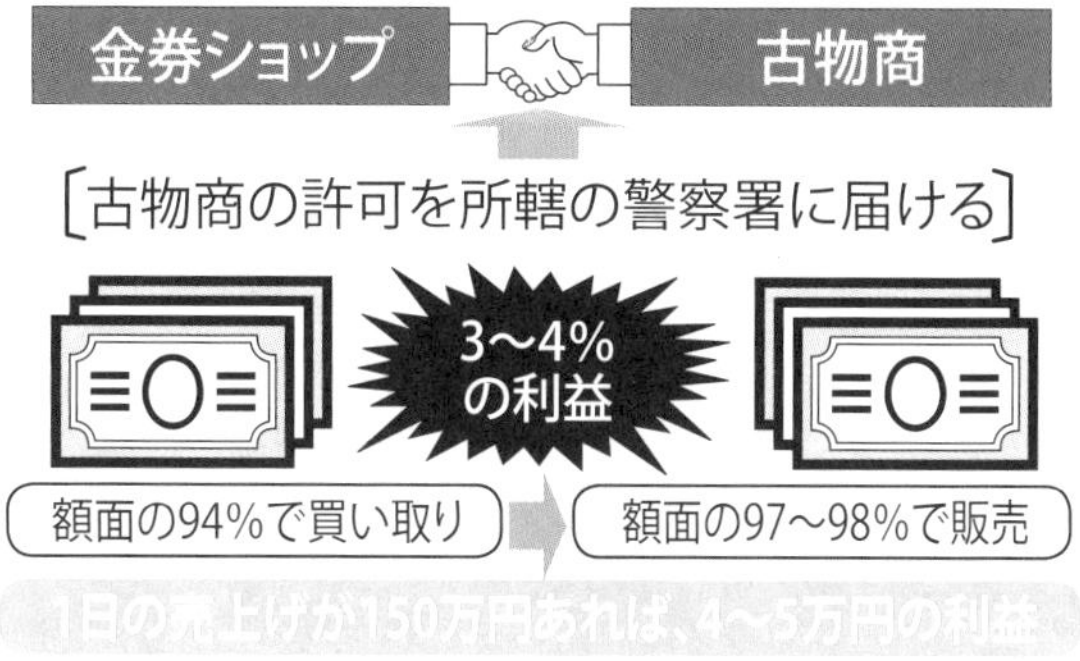


112万5千円の収益が上がります。ここから、人件費と家賃などの経費を差し引いて黒字なら、商売も成り立ちます。

薄利多売なので人通りの多い駅前一等地などの地の利が大事ですが、商品が金券なので在庫もかさばりません。**店舗スペースも1～2坪ですむため、半端な小スペースでもビジネス可能なので家賃も抑えられます。**

効率重視のビジネスモデルになっているわけです。

また、100円ショップも面白い業態です。近年は100円以上で売る商品もありますが、やはり集客の目玉は全品

100円という安さです。

## 100円ショップや金券ショップの強み

「こんなによいモノが、どうして100円なの?」という驚きの発見がリピーターを生み出していきます。こうした100円ショップの経営は、「マージンミックス(粗利ミックス)戦略」に支えられています。

要するに、**全体の販売額でならし、適正な粗利がもたらされるようにしているのです。**

金券ショップも100円ショップも店員は少なくてすむうえに、ほぼアルバイトで人件費も抑えられます。商品のネット販売では送料もかかり割高になります。ゆえに金券ショップや100円ショップはネット販売になじまず、競合がさけられる強みがあるのです。

### 品質が向上している100円ショップ

**大量に販売できるしくみにより、100円ショップの品質は今後さらに向上することでしょう!**

## 図解 「100円ショップ」安くても儲かる訳

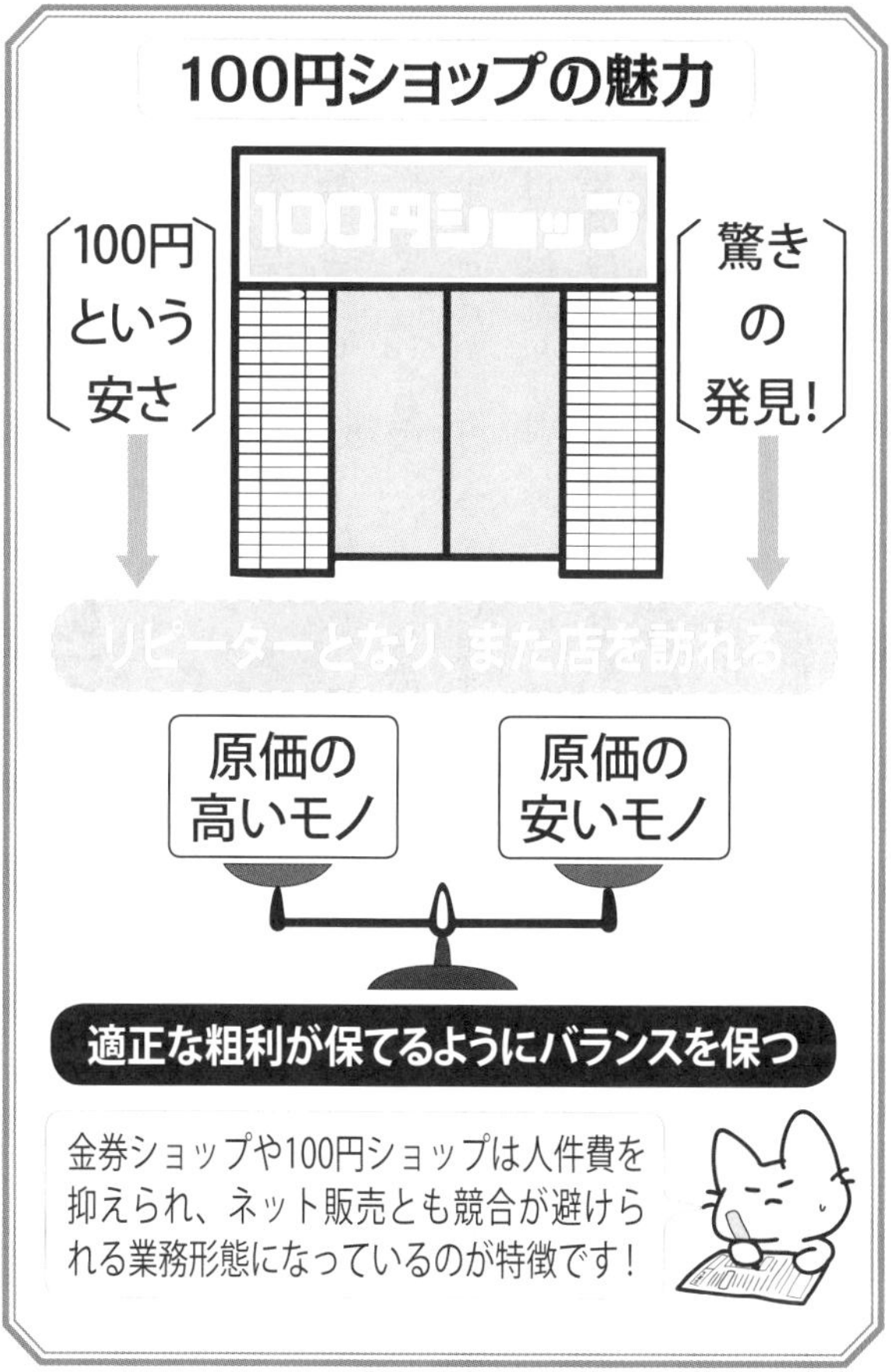
100円ショップの魅力
100円ショップ
100円という安さ
驚きの発見！
リピーターとなりまた店を訪れる
原価の高いモノ
原価の安いモノ
適正な粗利が保てるようにバランスを保つ
金券ショップや100円ショップは人件費を抑えられ、ネット販売とも競合が避けられる業務形態になっているのが特徴です！

## 8 視てない放送局の「受信料」を払う理由

### ◆「NHK受信料」の基本

NHK（日本放送協会）の受信料は、2020年10月にわずかばかり値下げされましたが、衛星契約であれば、月額2170円が口座やクレジットから引き落とされます（振込は2220円）。12ヶ月分前払いの場合は2万4185円なので、毎月払いより1855円だけ安くなります。NHK受信料は、収入が厳しい人たちも払わなければなりません。

また、**NHKの放送を「視聴していない」という人も、NHKを受信できるテレビ受信機が家にあれば、受信料を払わなければなりません。**

これは放送法64条1項に「協会（NHK）の放送を受信することのできる受信設備を設置した者は協会とその放送の受信について契約をしなければならない」と定められているからです。支払いが免除されるのは、生活保護で何らかの扶助

## 図解「NHK受信料」とは？

非正規雇用者
年金受給者
厳しい収入の中からNHK受信料を支払う
スマホ
パソコン
NHKが受信できると受信料を徴収できるような法整備を進めています!

を受けているか、家族の中に障がい者がいて市町村民税が非課税の世帯です。世帯主が障がい者の場合は半額免除です。

「NHKは有料契約者だけへのスクランブル放送にすべき」という声は多いものの、NHKや総務省には、そのつもりがないようで、受信料を巡っては争いが繰り広げられてきました。

２０１７年12月の最高裁判決は、受信機があるだけで受信料契約を結ばされるのは、憲法13条の幸福追求権や憲法29条の財産権などに基づく「契約自由の原則に背くのではないか」という原告の訴えに、**「契約自由の原則に何ら抵触しない」**

と判断を下しました。

16年のさいたま地裁では「ワンセグ端末の付いた携帯電話は、NHKとの受信契約を結ぶ義務はない」という判決が下されましたが、18年の東京高裁は一審の判決を取り消し、19年3月の最高裁判決は上告を棄却し、**「ワンセグ機能の携帯にも受信契約を結ぶ義務がある」**と判決を確定させました。

## ネット事業に注力するNHK

NHKには「NHKプラス」（放送の同時・見逃し配信を提供）などのネット事業を拡大しています。

NHKの本来業務はテレビやラジオ放送で、現在はネットはそれらの補完ではありますが、近い将来「ネット受信料」などの新たな動きがあるかもしれません。

「視ていない」が通用しない受信料！

ネットの普及で世の中が変化する中、NHKも時代に合った方策を模索する必要があります！

## 図解 視てない放送局の「受信料」を払う理由

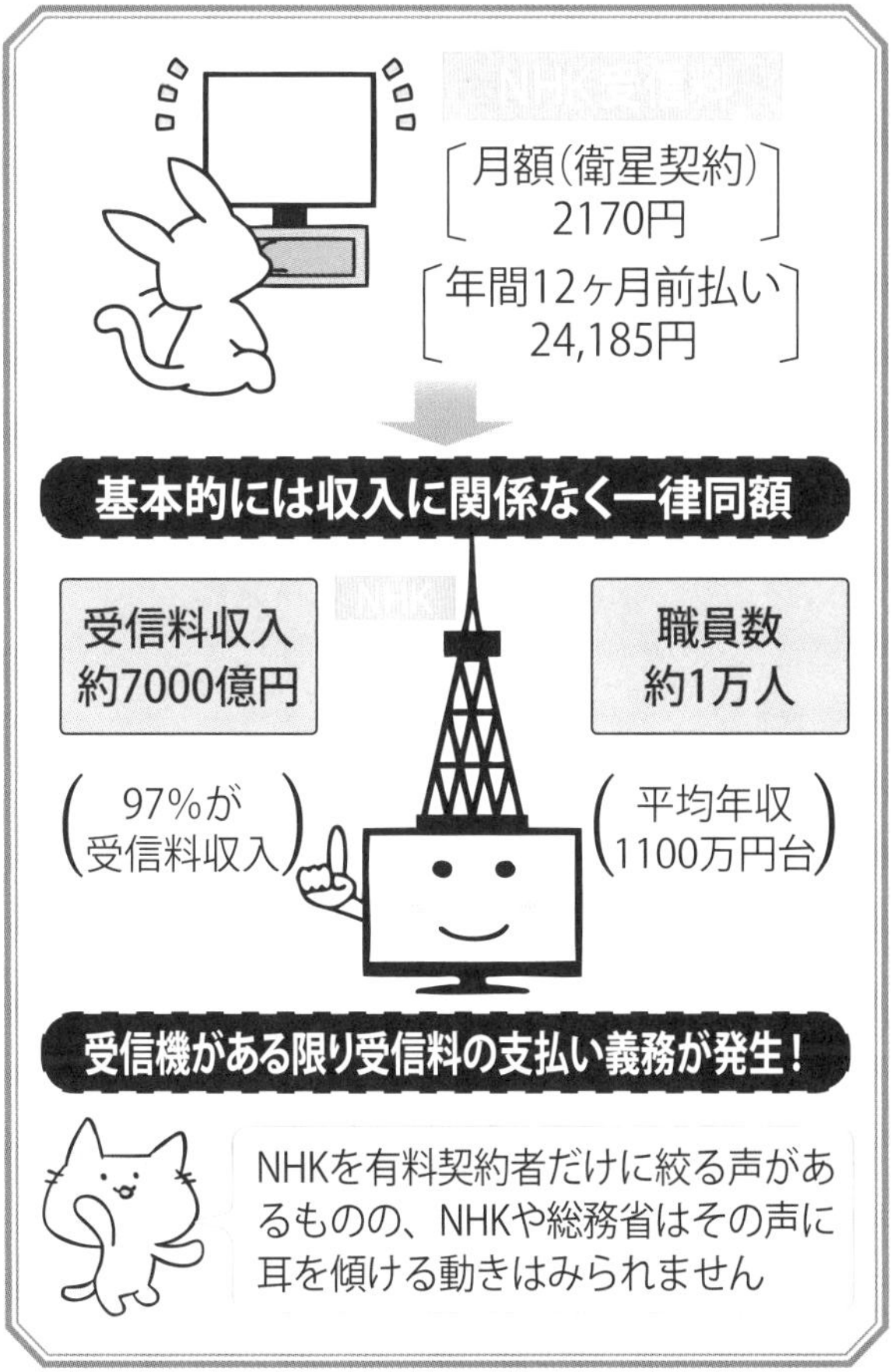

本書は、本文庫のために書き下ろされたものです。

**神樹兵輔**（かみき・へいすけ）

経済アナリスト、投資&マネーコンサルタント。

富裕層向けに「海外投資・懇話会」を主宰、金融・為替・不動産投資情報を提供している。1980年代の20代から会社勤めをしながら株式投資や不動産投資をスタート。その後、副業活動にも精を出し、収益を拡大。現在では投資のリターンを得ながら、執筆活動やコンサルティングまで手をひろげ、趣味の海外行脚も楽しんでいる。

著書に『眠れなくなるほど面白い 図解 経済の話』『眠れなくなるほど面白い 図解 経済とお金の話』（以上、日本文芸社）、『経済のカラクリ』（祥伝社）、『老後に5000万円が残るお金の話』（ワニブックス）、『40代から知っておきたい お金の分かれ道』（フォレスト出版）など多数。

知的生きかた文庫


世《せ》界《かい》一《いち》役《やく》に立《た》つ 図《ず》解《かい》 経《けい》済《ざい》の本《ほん》

著　者　神樹《かみき》兵輔《へいすけ》

発行者　押鐘太陽

発行所　株式会社三笠書房

〒一〇二-〇〇七二 東京都千代田区飯田橋三-三-一

電話〇三-五二二六-五七三四〈営業部〉

〇三-五二二六-五七三一〈編集部〉

https://www.mikasashobo.co.jp

印刷　誠宏印刷

製本　若林製本工場





ISBN978-4-8379-8816-8 C0130

C50468